한번에 10권
플랫폼 독서법

원하는 지식을 얻는 가장 빠른 방법

한번에 10권
플랫폼 독서법

김병완 지음

청림출판

궁극의 독서법,
'플랫폼 리딩'을 만나기까지

이 책은 하나의 질문에서 시작되었다.

"어떻게 하면 많은 양의 책을 단시간에 독파할 수 있을까?"

이 질문에 답하기 위해 나는 10년 동안 수만 권의 책을 읽었고, 5,000여 명의 성인에게 독서법을 가르쳤으며, 독서법과 관련된 책 수십 권을 썼다. 이제, 어느 정도 해답을 찾았다고 생각한다. 답을 찾는 과정에서 늘 머릿속에 담아두고 있었던 질문은 다음과 같다.

• 왜 많은 사람이 독서를 하면서도 지적으로 급격히 성장하지 못할까?

- 왜 보통의 독자들은 아무리 많은 양의 책을 읽어도 책 한 권을 제대로, 거뜬하게 쓸 수 없는 것일까?

- 왜 같은 양의 독서를 해도 어떤 사람은 평생 그 어떤 콘텐츠도 만들어 내지 못하는데, 다른 사람은 끊임없이 새로운 콘텐츠를 만들어내고, 새로운 책을 집필할 수 있는 것일까?

- 똑같이 책을 읽었는데 왜 어떤 사람은 전문가나 권위자가 되고, 어떤 사람은 아무런 성장도 하지 못할까?

- 왜 어떤 사람들은 독서를 해도 어제와 다를 바 없는 인생을 살지만, 어떤 사람들은 같은 양의 독서로 인생이 바뀌는 것일까?

- 왜 인공지능 시대에 살면서도 우리는 구시대적인 방법으로만 독서를 하고 있는 것일까?

- 문명과 기술은 계속 혁신을 이루는데 왜 독서 기술은 100년 전보다 향상되지 않았을까?

- 기존의 전통적인 독서 기술이었던, 읽고 생각하고 질문하고 토론하는 독서에서 더 앞서나간 독서 기술은 무엇일까?

독서법과 독서 방식에 대한 탐구 과정에서 나는 자연스럽게 독서의 대가들을 만나게 되었다. 책벌레, 독서광, 독서 천재 등 어떻게 불러도 그들은 독서량과 독서 능력, 지식 획득의 규모 면에서 일반인과 비교할 수 없는 지성의 거인들이었다. 수많은 이가 있지만 특히 이 책에서 언급하고 싶은 인물들은 토머스 에디슨, 다산 정약용, 에릭 호퍼, 워런 버핏, 모티머 애들러Mortimer J. Adler, 빌 게이츠, 스티브 잡스, 일론 머스크 등이다. 이들의 독서 편력을 살펴보며 또 자연스레 질문이 하나둘 쌓여갔다.

- 빌 게이츠는 어떻게 도서관에 있는 책을 모조리 다 독파할 수 있었을까?
- 일론 머스크는 어떻게 1만 권이라는 책을 읽어냈을까?
- 워런 버핏은 어떻게 16세의 나이에 투자 관련 서적을 거의 다 읽어냈을까?
- 스티브 잡스는 어떻게 책과 책을 연결하는 독서를 하게 되었을까?
- 에릭 호퍼는 어떻게 고단한 노동자의 삶을 살면서도 철학자가 될 만큼 양적 팽창과 지적 도약을 이루었을까?
- 정규 교육도 제대로 받지 못했고 심지어 저능아로 평가받던 토머스 에디슨은 어떻게 디트로이트 도서관의 책을 몽땅 읽어냈을까?
- 벤저민 프랭클린, 다산 정약용, 레오나르도 다빈치, 토머스 에디슨은 어떻게 책을 통해 다방면에서 전문가가 될 수 있었을까?
- 빌 게이츠, 스티브 잡스, 일론 머스크가 유독 백과사전 읽기를 좋아했던 이유는 무엇일까?

이러던 중 나는 중요한 순간을 맞게 되었다. 이런 질문들을 좇아 수많은 책을 파헤치면서 나도 모르게 질문의 성격이 조금씩 바뀌어가는 것을 느꼈다. 처음에는 독서의 대가들이 섭렵한 책의 양, 그들이 책을 읽는 속도, 독서력 향상법 등에 관한 궁금증이었는데 시간이 지나고 질문들을 곱씹는 동안 독서법의 진화에 대한 발자취를 좇아가고 있는 나를 발견한 것이다.

즉 '단시간에 더 많은 책을 독파하는 특별한 기술'에 관한 수량적, 도식적 추적이 '책을 제대로 읽고 소화한다는 것은 어떤 뜻인가?', '책을 읽는 방식과 내적 성장의 관계는 무엇인가?', '독서에서 양질 전환은 어떤 형태로 나타나는가?' 같은 본질적인 질문으로 바뀌어갔다.

연구를 거듭하면서 구체적인 각각의 독서법을 검토하고, 인류사에 중요한 족적을 남긴 위대한 지식인들에게는 어떤 독서 비결이 있었는지 분석했다. 이런 작업은 결국, 다시 한 줄의 질문으로 수렴되었다.

'이 세상에 있는 그 수많은 책의 주제를 연결하고, 그 속에 든 지식을 융합하여, 인간과 인간의 삶에 가치 있는 결과물을 창조해내는 궁극적인 독서법은 무엇인가?'

이 질문에 대한 답이 바로 이 책에서 말하고자 하는 '플랫폼 독서법'이다. 나아가 플랫폼 독서법을 실행하는 과정과, 그 결과로 독자가 얻을 수 있는 유형무형의 모든 창조적 성취를 나는 '플랫폼 리딩 혁명'이라고 부른다.

플랫폼 독서법, 혹은 '플랫폼 리딩'이라고 내가 처음으로 이름 붙인 이 독서 기술은 앞에서 언급한 위대한 독서 천재들이 실천하고 활용했던 독서 기술이다. 이 독서 기술 덕에 나 역시 3년 만에 1만 권을 읽을 수 있었다. 즉, 사람이 바뀐 것이 아니라 독서 기술, 독서의 접근법, 독서 방법을 바꾼 것이다. 이 점을 분명히 해두자.

앞서 말한 인물들은 플랫폼 리딩의 대가들이다. 이들은 속독법을 배우거나, 퀀텀 독서법과 같은 다독을 위한 독서법을 따로 배운 적이 없다. 그런데 어떻게 독서력과 독서량을 단기간에 퀀텀 점프할 수 있었을까? 이들이 어마어마한 양의 독서를 할 수 있었던 비결은 무엇일까?

이 책은 독서로 위대한 인생을 살았고, 지금도 살고 있는 사람들의 독서 기술을 파헤친 최초의 독서 탐구 보고서다. 현대에 살았던 뛰어난 독서 천재 세 명, 빌 게이츠, 스티브 잡스, 일론 머스크가 어마어마한 독서를 할 수 있었던 이유, 백과사전 읽기를 좋아했던 이유는 플랫폼 독서법의 결과임을 알게 될 것이다.

플랫폼 독서법은 오직 읽기만 하는 바보에서 벗어나는 독서 기술이며, 하루아침에 독서력이 10배 상승하는 독서 기술이기도 하다. 이 독서 기술은 퀀텀 독서법이나 초서^{鈔書} 독서법과 같지 않으며, 이 독서 기술을 익히기 위해 반드시 퀀텀 독서법이나 초서 독서법이 필요한 것도 아니다. 그렇지만 퀀텀 독서법과 초서 독서법은, 특히 초서 독서법은 플랫폼 독서법의 기본이 된다. 많은 양의 독서를 위한 최적의 독서법이 퀀텀 독서법이고, 높은 수준의 질적 독서를 위한 최적의 독서법이 초서 독서법이기 때문이다. 플랫폼 독서법은 양과 질을 위한 독서법이 아니다. 양과 질을 뛰어넘게 해주는 그 이상의 독서법이다.

즉 퀀텀 독서법과 초서 독서법을 배우고 익힌 사람은 플랫폼 독서법을 훨씬 더 강력하게 사용하고 구사할 수 있다. 플랫폼 독서법은 내가 전작에서 소개했던 퀀텀 독서법, 초서 독서법과 상관없이 독서 천재들만의 더 강력한 독서 기술임을 미리 밝힌다.

플랫폼 독서법은 초서 독서법과 퀀텀 독서법을 합쳐도 상대할 수 없을 만큼 막강한 독서 기술이다. 그래서 위에 열거한 독서 천재들이 독서법을 배우거나 익히지 않고도 엄청난 양의 독서를 할 수 있었고, 나 역시 3년 만에 1만 권을 읽어냈음을 이제야 깨닫게 되었다.

어떻게 내가 3년 만에 1만 권을 읽어냈는지 묻는 이가 많았다.

지금껏 나는 이런 질문에 명쾌하게 대답을 한 적이 없다. 솔직히 말해, 나도 이유를 정확히 몰랐기 때문이다. 운이 좋아서, 남보다 좀 더 지독하게 책을 읽었을 뿐이라는 모호한 답을 하는 것이 최선이었다.

이런 질문에 스스로 답하기 위해, 나는 이미 여러 권의 독서법 책을 출간했다. 그중 몇몇 책은 10만 부 이상 판매되기도 했고, 그 과정에서 5,000명이 수강한 독서법 수업의 코치가 되기도 했다.

그런데도 여전히 '어떻게 독서 천재(대가)들은 독서법을 배우거나 속독법을 배우지도 않고, 그 많은 양의 책을 독파할 수 있었을까'에 대한 의문이 남았다. 문제는 독서를 하는 방법, 더 구체적으로 독서의 접근법에 대한 차이였다.

앞에서 말한 독서 대가들이 어떤 식으로 책을 읽었는지, 이제 이 책이 설명해줄 수 있을 것이다.

자, 이제부터 독서력과 독서량을 단기간에 급상승시켜주는, 순식간에 10배 상승하게 해주는 플랫폼 독서법의 기본 원리에 대해 설명하겠다.

플랫폼 독서법은 한 권 한 권 파이프라인식으로 순차적, 개별적, 독립적으로 읽던 전통적인 독서 기술에서 벗어나, 하나의 주제나 아이디어, 분야를 중심으로 여러 권의 책을 동시에 혹은 연속해 읽으면서, 서로 연결하여 그 주제에 대한 거대한 지식 플랫폼을 구축하는 커넥토 리딩 혁명이다.

기존의 독서 프레임이 읽고 생각하고 질문하고 토론하는 독서였다면 플랫폼 독서법의 새로운 프레임은 읽고 연결하고 융합하고 구축하는 독서다. 이것은 '네트워크 효과' 혹은 '멧커프의 법칙', '블록 성장'이라는 용어로 설명이 가능할 것이다.

하나의 주제 혹은 비슷한 주제를 다룬 여러 책을 동시에 읽으면서 그냥 병렬 독서, 동시 독서를 하는 것이 아니라, 연결점을 찾고 그 연결성을 토대로 주제에 대한 플랫폼을 구축한다. 일단 플랫폼이 구축되고 나면, 진공청소기가 마치 먼지를 순식간에 빨아들이듯이 비슷한 주제의 많은 책을 독파할 수 있게 된다.

마구잡이식으로 무조건 많이 읽기보다는 단 몇 권을 읽더라도 더 효과적으로, 더 창조적으로 읽게 해주는 독서 기술이다.

다시 말해 독서 천재들은 기존의 프레임에 갇힌 독서에서 벗어나 플랫폼을 구축하는 독서를 해왔던 것이다.

과연 플랫폼 독서법으로 독서력과 독서량이 하루아침에 10배 이상 상승하게 될까? 그 원리는 무엇일까? 4장에서 그 내용을 자세히 살펴볼 것이다. 여기서는 한 가지 원리만 알아보자.

하버드대학교 마르코 이안시티Marco Iansiti 교수는 플랫폼을 '구성

원들이 여러 접점과 인터페이스를 통해 접근할 수 있는 문제 해결책의 집합'이라고 정의한 바 있다. 그의 정의에서 중요한 키워드는 '인터페이스'와 '문제 해결책'이다.

기차역이나 공항은 모두 하나의 플랫폼이다. 공항이나 기차 플랫폼을 통하면 승객들이 원하는 곳, 즉 솔루션에 도달할 수 있다. 만약 공항이나 기차 플랫폼이 화성이나 달에 있다고 생각해보라. 플랫폼은 누구나 접근하기 쉬워야 한다. 즉 인터페이스가 간단하고 쉽게 접근 가능해야 한다.

네팔과 티베트 사이의 국경에 8,848미터 높이를 자랑하는, 세계에서 가장 높은 산 에베레스트가 있다. 1987년까지는 매년 수백에서 수천 명이 에베레스트를 등반하기 위해 도전을 했지만 고작 서너 명밖에 성공하지 못했다. 그러나 1988년부터는 매년 수십 명에서 수백 명이 성공한다.

인간의 등반 능력과 성공률이 하루아침에 10배 이상 상승한 이유는 무엇일까?

1987년까지는 베이스캠프를 해발 2,000미터에서 3,000미터 사이에 구축했다. 많은 이가 아무 의심 없이 계속 그 높이에 베이스캠프를 구축했다. 그러나 1988년에 용감한 혁신가가 담대하게 6,000미터에 베이스캠프를 구축해버렸다. 이것을 보고 다른 등반가들도 너나 할 것 없이 모두 6,000미터에 베이스캠프를 구축했고, 일단 6,000미터에 베이스캠프가 구축되자 모든 것이 바뀌었다.

등반가들은 이제 6,000미터부터 8,848미터까지 2,848미터만 올라가면 되었다. 이전에는 2,000~3,000미터에서 출발해 5,848~6,848미터, 즉 2배 이상 더 올라가야만 성공했다.

거리가 2배 이상 단축되었다는 것은 물리적인 거리만 단축된 것이 아니다. 산 정상의 기후 변화는 평지와 전혀 다르다. 그래서 시간적으로 6,000미터를 등반하는 것과 3,000미터를 등반하는 것은 너무나 큰 차이가 난다.

6,000미터에 베이스캠프를 구축하는 것은 플랫폼 구축의 좋은 예다. 에베레스트 등반이라는 목표를 위해 가장 유리한 해결책이며, 누구나 마음만 먹으면 가능하기에 실현 가능한 최고의 인터페이스임을 알 수 있다.

플랫폼 리딩은 바로 독서의 베이스캠프를 6,000미터에 구축하는 독서 기술이다. 독서력과 독서량이 하루아침에 10배 이상 성장하게 해주는 원리가 바로 이것이다.

플랫폼 독서법을 제대로 배우고 익히는 데는 이론으로만 이해하는 방법보다 더 좋은 접근법이 있다. 바로 2장과 7장에 나오는 플랫폼 리딩 대가들의 실제 사례를 배우는 것이다. 토머스 에디슨, 워런 버핏, 빌 게이츠, 일론 머스크, 에릭 호퍼, 스티브 잡스 등 플랫폼 리딩 대가들의 실제 독서 기술을 배울 수 있을 것이다.

위대한 독서 천재들은 책의 노예가 아니라, 책의 주인이 되어 독서를 위한 독서가 아닌, 성공과 도약을 위한 독서를 했다. 이제 당신 차례다.

당부하고 싶은 것이 있다. 이 책에서 소개하고자 하는 플랫폼 독서법이 만병통치약은 아니며, 완전무결한 독서법도 아니다. 책을 읽는 이라면 얼마든지 더 강력한 독서법을 만들고 나눌 수 있다. 그렇게 되기를 간절히 소망한다. 다양한 독서법이 세상에 나와 서로 영향을 끼치면서 발전하기를 바란다.

프롤로그 궁극의 독서법, '플랫폼 리딩'을 만나기까지   — 5

1장
잘못된 독서법에 갇혀 있는 사람들

• 많이 읽는 독서 vs 인생이 바뀌는 독서: 평생 읽어도 책 한 권 쓰지 못하는 이유   — 23
• 읽는 데 만족하는 독서 vs 변화와 성장을 위한 독서:
  목적에 따라 방법은 달라져야 한다   — 27
• 시대의 변화에 따라 진화하는 독서법   — 30
• 나의 한계를 뛰어넘게 해주는 독서법을 찾아서   — 35

2장
그들의 독서는 무엇이 다른가

• 독서 천재들은 어떻게 책을 읽었나   — 41
• 빌 게이츠, 스티브 잡스, 일론 머스크는 왜 백과사전 읽기를 좋아했을까   — 46
• 지금 우리에게는 새로운 독서법이 필요하다   — 49
• 파이프라인 독서 vs 커넥토 리딩:
  지식을 확장할 것인가, 아이디어를 창조할 것인가   — 52

3장
그들만 아는 플랫폼 독서법의 강력한 기술

- 독서 천재들만이 사용했던 독서의 최고 기술   — 59
- 독서력이 퀀텀 점프한다: 단숨에 10권을 독파하는 기술   — 62
- 신토피컬 독서법을 뛰어넘는 플랫폼 리딩   — 66
- 순식간에 읽고 빅데이터로 변환한다: 플랫폼 리딩의 작동 원리   — 69
- 기존 독서와 플랫폼 리딩의 차이점 한눈에 보기   — 72
- 플랫폼 리딩, 이렇게 한다   — 75
- 플랫폼 리딩 7단계 훈련법   — 82

4장
이 시대에 플랫폼 독서법이 필요한 이유

- 연결과 구축이 창조의 기폭제다   — 91
- 훔친 만큼 성장하는 시대: 피카소에게 배우는 플랫폼 구축의 통찰   — 95
- 새로운 문제를 해결할 수 있는가: 도전 기반 학습   — 99
- 플랫폼은 확장한다: 멧커프의 법칙과 블록 성장   — 102
- 독서력과 독서량을 극대화시키는 비밀   — 108
- 창조를 넘어 구축으로: 플랫폼 리딩이 기준이다   — 111

5장
플랫폼 독서법의 기초가 되는 다양한 독서 기술

- 한 시간에 한 권 읽어낸다: 퀀텀 독서법   — 119
- 읽은 책을 내 글과 아이디어로 만든다: 초서 독서법   — 132
- 책이 책을 읽고 링크를 늘리는 다독술: 편집공학 독서법   — 141
- 여러 권의 책을 비교하며 읽는다: 신토피컬 독서법   — 148
- 지식 창조에 최적화된 브리콜라주적 편집: 에디톨로지 독서법   — 160
- 연결하고 또 연결하여 가치를 만들어낸다: 커넥토 리딩   — 167
- 한번에 여러 권, 핵심만 연결한다: 플랫폼 리딩   — 171

6장
인공지능 시대, 플랫폼 독서법으로 극복한다

- 새로운 시대를 위한 혁명적인 독서법이 필요하다   — 179
- 지식 습득에서 플랫폼 구축으로   — 181
- 파이프라인식 독서에서 네트워크 독서로   — 183
- 100개의 지식보다 1개의 기발한 아이디어를 창조하라   — 185
- 프레임에 갇힌 독서에서 프레임을 뛰어넘는 독서로   — 187

7장
플랫폼 리딩으로 세상을 바꿔버린 거인들

- 도서관을 통째로 읽어버린 컨버전스 혁신의 선구자: 토머스 에디슨   − 193
- 주식투자라는 거대한 플랫폼을 창조한 투자 기술자: 워런 버핏   − 201
- 세계가 작동하는 원리를 탐구한 IT의 거인: 빌 게이츠   − 207
- 백과사전 속에서 미래를 본 발명가: 일론 머스크   − 211
- 지식 융합을 실천한 플랫폼 리딩의 진정한 대가: 다산 정약용   − 215
- 광적인 독서로 운명을 개척한 떠돌이 노동자: 에릭 호퍼   − 223

에필로그 연결하는 자만이 살아남는 시대, 나만의 플랫폼을 만들어라   − 232

부록 플랫폼 리딩을 위한 필수 독서법

1 눈이 아니라 뇌로 읽게 하는 전뇌 독서법: 퀀텀 독서법   − 241
2 읽은 내용을 자신만의 콘텐츠로 구축하는 독서법: 초서 독서법   − 250

1장 _____

잘못된 독서법에
갇혀 있는 사람들

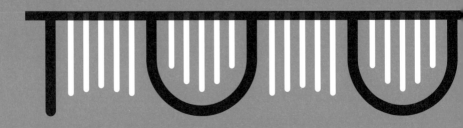

"지나치게 빨리 읽거나 느리게 읽으면 아무것도 이해하지 못한다."

— 파스칼Blaise Pascal

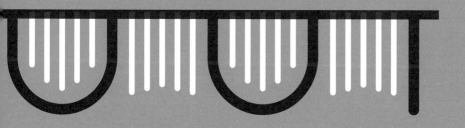

많이 읽는 독서 vs 인생이 바뀌는 독서:
평생 읽어도 책 한 권 쓰지 못하는 이유

똑같이 독서를 해도 누구는 책 한 권도 제대로 쓸 수 없는데, 누구는 몇 권 읽지 않고도 거뜬하게 책을 써내고 베스트셀러 작가가 되는 것일까?

거의 비슷한 양의 독서를 한 두 사람이 있다. 그러나 한 사람은 어제와 다를 바 없이 오늘도 독서를 하고 있지만, 또 다른 사람은 독자에서 벗어나 저자로 도약을 한다.

그 이유는 무엇일까?

그 격차를 만드는 것은 '어떻게 독서를 하느냐', 즉 '어떤 독서 기술로 책을 읽고 있느냐'다. 생각해보자. 평생 많은 양의 독서를 했다고 하는 이들이 있다. 그러나 왜 책 한 권도 제대로 써내지 못할까? 책을 써내는 이들이, 특히 베스트셀러 작가들이 특별히 다른 사람들보다 지능이나 능력이 월등히 뛰어나기 때문은 결코 아닐 것이다.

책을 읽지 않는 인생보다는 책을 읽고 독서를 즐기는 인생이 훨씬 더 복된 인생이다. 독서는 인간만이 할 수 있는 특권이기 때문이다. 평생 독서를 즐기면서 책을 쓰지 않는다고 해서 잘못된 것은 아닐 것이다.

독서의 목적이 그저 즐기는 것이라면, 현재의 독서를 그대로 하면서 평생 즐기는 것도 나쁘지는 않다. 그러나 많은 이가 노력과 시간을 투자해서 독서를 하는 이유가 있다. 그중 하나가 자신을 발전시키고, 성공적이고 행복한 삶을 살아가기 위해, 즉 더 나은 인생을 살기 위해서이다.

이런 목적을 가지고 책을 읽는 많은 사람에게 최고의 독서 성과는 독자에서 벗어나 저자가 되는 것이 아닐까? 그러나 독서의 완성이라고 할 수 있는 저자의 위치까지 도약에 성공하는 독자는 많지 않다. 독서의 성과가 천차만별인 이유는 바로 독서 기술이 다

제각각이기 때문이다.

　독서법을 언급하기에 앞서 독서법의 기원을 찾아보는 것도 결코 무익한 일이 아닐 것이다. 옛날에는 책의 수량에 한정이 있었기 때문에 독서법의 필요성이 오늘날같이 크지는 않았다. 다만 기원전 350년경 그리스 문학이 가장 왕성하던 때, 데모스테네스Demosthenes의 공부법에서 겨우 독서법의 흔적을 찾을 수 있다. 그는 지식의 증진과 심력의 발달에 독서의 목적을 두고, 다른 책을 돌아보지 않고 반복 숙독하면서 암기하는 방법으로 독서를 했다.

　분명한 것은 인쇄기 발명 이전에는 독서법의 필요성이 매우 적었다는 사실이다. 책의 양이 지금과 비교해 절대적으로 부족하여 귀족층이라 해도 많은 책을 구할 수 없던 시대에, 힘들게 구한 책을 반복하여 읽고 암기하는 독서법은 자연스러웠다고 할 수 있다. 그러나 지금은 책의 양이 압도적으로 많아졌고 시대가 달라졌다. 그러므로 독서의 기술도 달라져야 한다.

　독서법의 고전인 모티머 애들러의 《독서의 기술How to read a book》을 보면, 독서의 목적으로 지식을 위한 독서와 이해를 위한 독서를 말한다. 지금도 많은 독자가 지식을 위한 독서 혹은 이해를 위한 독서를 하고 있다. 그러나 인생을 바꾸는 독서를 하는 이들은 지식이나 이해를 위한 독서를 하지 않는다.

이후 소개할 빌 게이츠, 스티브 잡스, 일론 머스크, 워런 버핏 등의 독서 천재들은 보통 독자들과 전혀 다른 기술로 독서를 했다. 이 책에서 말하고자 하는 독서 기술이 바로 그것이다.

독서에는 두 종류가 있다. 하나는 책을 읽고 나서 인생이 바뀌는 독서다. 다른 하나는 책을 아무리 읽어도 인생이 전혀 바뀌지 않는 독서다.

왜 아무리 읽어도 독서 전과 후에 변화가 없고, 삶이 바뀌지 않는 것일까? 이 차이를 가르는 것은 독서에 대한 접근법, 즉 독서법에 있다.

마구잡이식으로 무조건 많이 읽는 사람보다는 단 몇 권을 읽더라도 효과적으로, 체계적으로, 전략적으로 독서하는 사람이 인생을 바꿀 확률이 더 높다.

아무리 읽어도 삶이 바뀌지 않는 독서는 기존의 지식과 이해를 위한 독서에 그친다. 삶을 바꾸는 독서를 한 사람들, 위에서 언급한 이들은 지식과 이해를 위한 독서를 훌쩍 뛰어넘어 차원이 다른 독서를 했던 것이다.

읽는 데 만족하는 독서 vs 변화와 성장을 위한 독서:
목적에 따라 방법은 달라져야 한다

평생 공부를 하며 사는 사람은 훌륭한 사람이다. 그러나 더 훌륭한 사람은 공부를 통해 자신을 뛰어넘는 사람이다.

　공부를 잘하기 위한 독서를 하는 것도 나쁘지 않다. 그러나 이왕 책을 읽는다면, 더 큰 목적, 최고의 성과를 달성하는 것이 좋지 않은가? 공부를 잘하기 위한 독서, 공부를 위한 독서만 할 것인가? 아니면 공부를 뛰어넘는 차원 높은 독서를 할 것인가?

빌 게이츠는 하버드를 중퇴했고, 래리 페이지는 대학원을 휴학했으며, 스티브 잡스와 마크 저커버그 역시 학업을 중단했다. 그들은 공부를 위한 공부를 넘어 삶을 바꾸는 공부를 했다. 그리고 그 결과 공부를 뛰어넘는 업적을 창출할 수 있었다.

독서의 일반적인 목적은 지식을 습득하고 내용을 이해하는 것이다. 지금까지 보통의 독자들은 의례적으로 일반적인 독서를 해왔다. 이 책을 읽는 당신은 어떤가? 일반적인 독서를 할 것인가? 아니면 빌 게이츠와 스티브 잡스, 일론 머스크처럼 인생을 바꾸고, 세상을 바꾸는 독서를 할 것인가?

물론 최고의 독서는 하루아침에 이루어지지 않는다. 그러나 후자의 독서가 결코 전자보다 힘들고 어려운 것은 아니다. 오히려 더 즐겁고 재미있는 독서라는 사실을 독서 천재들은 삶을 통해 증명했다.

무작정 읽기만 하면 다 될 것이라는 생각은 버려야 한다. 그저 읽고 즐기는 것이 독서의 목적이라면 상관없다. 그러나 책을 읽고 성장해 더 나은 삶을 살고 싶다면 무작정 읽기만 해서는 곤란하다. 따라서 '얼마나 많은 책을 읽느냐'보다 더 중요한 것은 '어떻게 읽느냐' 하는 독서 방법이다. 인생을 바꾸는 것은 독서 습관이나 독서량이 아니라 효과적인 독서 기술이라는 사실은 여러 번 강조해도 지나치지 않다.

독서는 매우 중요하고 가치 있는 활동이다. 그렇지만 책을 많이 읽기만 하고 변화나 성장이 없다면 진정으로 책을 읽었다고 할 수 있을까?

당신이 1만 권의 책을 읽었다고 해서, 남에게 자랑할 필요는 없다. 남에게 과시하기 위해 독서를 한다고 해도 당신의 인생이 달라지는 것은 아니다.

1만 권을 읽었더라도 당신의 삶이 바뀌고 성장하지 않았다면 오직 읽기만 하는 바보와 다름없다. 심하게 말하면 그것은 독서의 노예나 마찬가지다. 물론 독서에는 정답이 없다. 어떤 사람은 1년 동안 한 권을 읽는 슬로우 리딩을 즐기고 또 어떤 이는 5분에 책 한 권을 읽는 속독법이 최고라고 말한다. 당신이 어떤 독서법을 좋아한다고 해도 상관없다.

독서의 목적에 따라 독서법을 선택하고 실행하면 된다. 문제는 인생을 바꾸고 싶어하고 변화와 성장을 꾀하려는 사람들이 정작 그렇지 못한 독서를 평생 하고 있다는 점이다.

시대의 변화에 따라
진화하는 독서법

100년 전과 비교하면 지금은 지식과 기술의 빅뱅 시대라고 해도 과언이 아니다.

　기술이 얼마나 혁신에 혁신을 거듭해왔는지는 독자들이 더 잘 알 것이다. 불과 50년 전에는 인터넷도 이 세상에 없었다. 20년 전에는 휴대폰이 얼마나 크고 무거웠는지, 가격이 얼마나 비쌌는지 잘 알 것이다. 지금은 손에 들고 다니는 휴대폰으로 지구 반대편에 있는 사람과 실시간으로 화상 통화도 할 수 있는 시대다. 이처럼 기술은 하루가 멀다 하고 발전에 발전을 거듭해왔다.

그러나 100년 전이나 지금이나 전혀 달라지지 않은 것이 바로 독서 기술이다. 오히려 독서력이나 독서량은 100년 전보다 못하다. 인터넷과 스마트폰이 발달하고, 최첨단 게임을 즐기는 인구가 많아졌다. 게임을 많이 하면 우리 뇌는 게임 뇌로 재편된다. 게임 뇌는 독서를 잘하지 못한다.

여기서 말하고자 하는 핵심은 독서 기술이 100년 전이나 지금이나 별반 달라지지 않았다는 사실이다. 왜 독서 기술은 그대로일까? 독서 기술을 발전시키고자 하는 사람들의 부재와 의지의 결여 때문이라고도 생각해볼 수 있다. 평생을 걸고 독서 기술을 발전시킨다고 해도 아무런 보상이나 명예가 돌아오지 않는다. 그 결과 독서 기술을 효율적으로 높이려는 강력한 의지는 존재하지 않게 되었다.

만약 최고의 독서 기술을 발전시킨 사람이나 효과적인 독서법을 창안한 사람에게 상이나 보상을 해주는 시스템이 있었다면 독서 기술은 상상할 수 없을 정도로 발전했을 것이다.

뉴욕에는 세계 최고의 공공 도서관인 뉴욕공공도서관이 있다. 이 도서관에는 무려 3,800만 권의 도서가 소장되어 있다. 중세시대에는 온 유럽을 통틀어 3만 권에 불과한 책이 존재했지만, 지금은 수천만 권 이상의 책이 도서관에 있다.

그렇다면 독서하는 기술도 시대의 변화에 따라 달라져야 하는 것이 맞지 않는가? 과거에는 한 권의 책을 구하는 것도 힘들어, 한 번 손에 넣은 책은 무조건 암기를 해야만 했다. 대학 교수조차 한 번 대출한 책을 다시 대출할 기회가 살아생전에 두 번 다시 돌아오지 않는 시대였다.

그러나 지금은 다르다. 정보 과잉의 시대이며, 지식 빅뱅의 시대다. 이런 시대에 우리가 100년 전 전통적인 방식의 한 권 한 권씩 순차적으로 읽는 파이프라인식 독서를 고집해야 할 이유가 없다.

시대가 바뀌고, 환경이 달라진 만큼 독서 기술도 바뀌는 것이 더 자연스럽지 않을까? 이제는 한 권 한 권씩 읽는 독서 기술에서 벗어나 한 번에 여러 권의 책을 전략적으로 읽는 독서 기술이 필요하다.

인공지능 시대에 언제까지 조선 시대의 독서 방식을 고집할 것인가? 새로운 독서 기술은 효과적인 면뿐만 아니라 유희적인 면도 매우 강력하다. 마치 게임을 하거나 퍼즐을 맞추는 것처럼 엄청나게 재미있어서, 쾌락 독서 혹은 유희 독서라고 해도 될 정도다.

한 권의 책을 엄숙하게 처음부터 끝까지 한 글자도 빼먹지 않고 정독하는 그런 재미없고 정적이며 엄숙한 독서가 아니다. 게임을 하듯, 미술 시간에 뭔가를 만들어가는 것처럼, 재미있고 활력이 넘치는 적극적인 독서다.

독서법에 대한 선입견 중에서 가장 많은 해악을 끼치는 것은 책을 처음부터 끝까지 한 글자도 빠뜨리지 않고 다 읽어야 한다는 '착한 학생 콤플렉스'다.

이 말은 내가 만든 말이다. 우리는 무의식 중에도 책을 처음부터 끝까지 한 글자도 안 빼먹고 읽어야 한다고 생각한다. 그래야 착한 독자이고 선생님께 칭찬을 듣는 착한 학생이라고 오해를 한다. 이런 선입견에서 벗어나는 이들이 뛰어난 독서 천재가 될 수 있고 독서로 인생을 바꿀 수 있다.

추천도서를 꼭 읽어야 한다는 생각에서 벗어나는 것도 좋다. 빌 게이츠나 스티브 잡스, 일론 머스크 등은 추천도서가 아닌 백과사전을 읽는 것을 좋아했으며, 토머스 에디슨, 마오쩌둥 등은 심지어 도서관을 통째로 읽었다.

독자를 괴롭히는 또 하나의 고정관념은 한번에 책의 내용을 다 이해해야 한다는 완벽주의다. 어떤 책은 한 번만 읽어도 좋다. 그러나 정말 많은 것을 배울 수 있고 큰 깨달음을 얻을 수 있는 책, 또는 어려운 경제 경영서나 철학서라면 한 번만 읽어서는 안 된다. 이런 책은 최소 세 번 이상, 얼마든지 반복해 읽어도 좋고, 그렇게 해야만 한다. 물론 책마다 다를 수 있다. 그러나 당신이 좋아하는 책이라면, 더 많은 것을 배우고 싶은 책이라면 한 번 읽고 다 이해해야 한다는 생각은 버려야 한다.

'코끼리를 먹는 유일한 방법은 한 번에 한 입씩 먹는 것'이라는 농담이 있다. 그러나 독서는 코끼리가 아님을 명심하자. 우리는 얼마든지 한번에 여러 권을 동시에 읽을 수 있다. 그러므로 이런 고정관념에서 빨리 벗어나라.

다른 사람의 독서 기술이나 독서 스타일에 너무 연연해하지 않는 것도 도움이 된다. 당신은 당신이고 타인은 타인이다. 여러 가지 독서법을 실천하고 적용해보면서 자신에게 가장 큰 성과가 나오는 자신만의 독서법을 만들면 된다.

인생에 쓸모없는 책은 없다. 책의 쓸모는 당신이 스스로 만들 수 있는 능력, 즉 플랫폼 리딩 능력이 있느냐 없느냐로 결정된다.

당신의 발목을 잡는 불필요하고 해로운 독서 고정관념과 선입견에서 지금 당장 벗어나 어떤 것에도 연연하지 않는 자유로운 독서를 즐기고 누리기를 바란다.

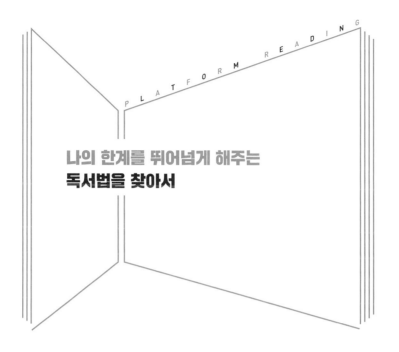

나의 한계를 뛰어넘게 해주는
독서법을 찾아서

많은 독서 전문가가 하나같이 주장하고 제안하는 독서법이 있다. 어떤 독서를 하더라도 스스로 생각하고 질문하는 독서를 하라는 것이다. 이 말은 정답이다. 너무나 좋고 훌륭한 독서법이다.

그런데 이 책에서 소개하는 위대한 독서 천재들은 생각하고 질문하는 독서와는 조금 다른 독서를 하고 있었다. 그것이 바로 플랫폼 독서법의 핵심 원리인 연결하고 구축하고 빅데이터를 생성하는 독서법이다.

　생각하고 질문하는 독서법보다 플랫폼 독서법이 더 좋은 이유가 뭘까? 생각하고 질문하는 독서법은 그냥 읽기만 하는 독서보다는 훨씬 더 훌륭한 독서법이다. 스스로 질문을 만들고 던지며, 그 질문에 대해 생각하고 고민하고 궁리를 한다. 그 과정에서 사고력이 좋아지고 더 나은 답을 찾을 수 있다. 그러나 생각하고 질문하는 독서법에는 한계가 있다. 자신의 사고 수준과 지식 범위를 뛰어넘지 못한다는 것이다.

　플랫폼 독서법은 다르다. 자신의 수준과 지식 범위는 큰 영향을 주지 않는다. 즉 사고 수준과 지식 범위를 훌쩍 뛰어넘는 독서를 할 수 있으며, 보물을 발견하기 위해 모험을 하는 사람처럼 재미있고 즐거울 뿐 아니라, 세계 최고 수준의 권위자들의 사고력과 지식을 활용할 수 있다.

　생각하고 질문하는 독서가 좋은 독서법임에는 틀림없다. 그러나 그것과 다른 독서법도 있다는 사실을 말하고 싶다. 선택은 독자들이 하는 것이고, 자신이 선택한 독서법으로 독서를 즐기면 된다.

　독서 초보자들은 생각하고 질문하는 독서도 부담스러워 하고 책 한 권을 다 읽는 것도 무척 힘들게 느끼는 것이 사실이다. 그래서 생각하고 질문하는 독서를 하는 독자들은 독서 수준이 상당한 독서 상급자임에 틀림없다.

그러나 한 가지 사실을 생각해보자. 더 깊은 통찰을 얻게 해주기 때문에 생각하고 질문하는 독서가 좋은 것이다. 그러나 다람쥐가 쳇바퀴를 돌 듯 자신의 사고 수준과 지식의 범위를 뛰어넘는 깊은 통찰을 할 수 있다는 보장도 없고, 실제로 자신의 수준에서 맴도는 사고를 할 것이 뻔하다.

아인슈타인은 인류 역사상 최고의 과학자임에도 한 가지 질문에 대해 더욱 수준 높은 통찰을 얻기 위해 많은 시간을 투자했음을 우리는 알고 있다. 위대한 과학자도 엄청난 시간과 에너지를 투자해야만 자신의 사고 수준을 뛰어넘는 해답을 얻게 된다. 평범한 사람들은 생계가 걸려 있기 때문에 그렇게 많은 시간과 에너지를 투입할 수 없다.

세상에 쓸모없는 독서, 써먹지 못하는 독서는 없다. 그러나 더 효과적이고, 더 강력하고, 더 재미있고, 더 창조적이고, 더 혁신적인 독서 방법은 반드시 있다. 다만 지금까지 미처 몰랐고, 아무도 당신에게 알려주지 않았을 뿐이다. 심지어 당신의 독서를 한순간에 도약시켜줄 독서 기술도 존재한다. 길이 없다면 만들면 된다. 자, 이제부터 당신을 한 순간에 독서 천재로 만들어줄 독서의 길을 발견하기 바란다.

2장 _____

그들의 독서는
무엇이 다른가

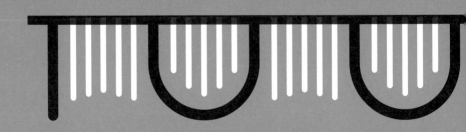

"만 권의 책을 읽었지만, 여전히 내 몸은 서럽기만 하다."

— 괴테Johann Wolfgang von Goethe, 《파우스트Faust》

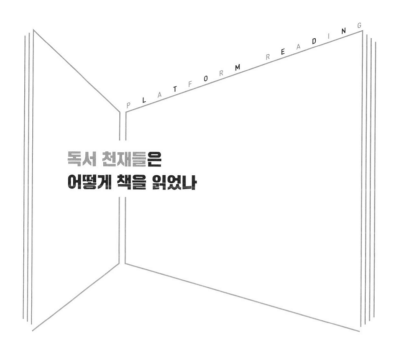

독서 천재들은
어떻게 책을 읽었나

워런 버핏, 에릭 호퍼, 다산 정약용, 빌 게이츠, 일론 머스크, 스티브 잡스와 같은 독서 천재들은 우리와 어떻게 다를까? 이 질문에 대해 10년 동안 연구한 결과가 바로 이 책의 핵심 주제다.

당신과 나를 포함해서 일반 독자들은 책을 읽고, 생각하고, 질문하고, 토론하고, 기록한다. 그러나 이들은 달랐다. 이들은 이런 수준에서 일찌감치 벗어나 차원이 다른 독서를 했다. 이들은 생각하고 질문하고 토론하고 기록하는 독서보다, 연결하고 구축하고 공유하고 창조하는 독서를 했다.

스티브 잡스는 2005년 6월 12일 스탠퍼드대학교 졸업식 축사에서 출발과 시작, 노력의 중요성을 '점을 연결하는 일connecting the dots'이라고 표현했다. 독서 천재들은 모두 '책을 연결하는 독서'를 했다. 그리고 백과사전 읽기를 유난히 좋아했다.

그들의 독서와 보통 독자들의 독서 기술에서 두 번째로 다른 점은 자신만의 관심 주제를 중심으로 플랫폼을 구축하면서 독서를 했다는 점이다. 즉 그들의 목적은 '책을 몇 권 읽느냐'가 아니라 '얼마나 많이 플랫폼을 구축하느냐'였다. 그들은 책을 좋아했지만 책은 수단에 불과했다. 그들은 책을 좋아하는 것이 목표가 아니라, 자신만의 주제에 대한 거대한 지식과 아이디어의 플랫폼 구축이 목적이었다.

세 번째 다른 점은 이들은 모두 플랫폼 구축을 통해 어마어마한 양의 독서를 할 수 있었다는 점이다. 즉 플랫폼 구축을 기반으로 독서력과 독서량이 일반 독자들과 비교가 안 될 정도로 급상승하는 패스트트랙을 발견한 것으로 보인다.

자신만의 독서 플랫폼을 구축하는 것은 솔직히 힘들고 어렵다. 그러나 일단 어느 정도 플랫폼이 구축되고 나면, 모든 것이 달라진다. 차원이 달라진다는 이야기다.

삼성에서 직원으로 일을 할 때와 임원이 되었을 때의 차이만큼 크다고 할 수 있다. 세상의 모든 일은 그렇다. 일단 처음에는 힘들고 어렵고, 월급도 쥐꼬리만큼 적다. 그러나 10년이고 20년이고 버티다 보면 임계점을 돌파하게 되고 그 후로는 어마어마한 월급을 받게 된다. 독서도 그렇다. 어느 정도 임계치를 넘기면 그 후부터는 정말 쉬워지고 빨라지고 강력해진다.

보통의 독자들은 개별적, 독립적으로 한 권 한 권을 하나의 단위로 읽는다. 그러나 이렇게 읽으면 아무리 많은 책을 읽어도 임계점을 돌파하기가 여간 힘든 것이 아니다. 책을 연결하면서, 하나의 주제를 구심점으로 삼아 플랫폼을 구축하는 독서가는 임계점을 돌파하기가 훨씬 쉬워진다. 이것이 플랫폼 구축 독서인 플랫폼 리딩을 당신이 반드시 배우고 실천해야 하는 이유다.

다산 정약용은 책을 읽을 때 반드시 주견이 있어야 한다고 주장했다. 주견이 없으면 아무 책이나 읽는 난독에 빠지기 쉽고 그런 독서로 변화와 성장은 기대를 할 수 없기 때문이다. 다산은 놀랍게도 200여 년 전에 초서를 통해 책을 연결하고 융합하여 플랫폼을 구축했고, 그 덕분에 500여 권에 이르는 방대한 저술을 할 수 있었다.

동일한 환경과 조건에서 한 국가가 부를 창출하는 데 거버넌스 governance가 가장 중요한 요인임을 제시하는 증거가 점점 더 많아지고 있다. 같은 환경, 같은 시대, 같은 조건에서 한 국가가 어떻게 통치를 하고, 어떤 시스템으로 국정을 운영하느냐에 따라 부유한 국가가 될 수도 있고, 가난한 국가가 될 수 있다는 말이다.

한 국가의 부도 이렇게 통치 방식과 시스템이 좌우하는데, 하물며 독서의 효과가 단지 당신의 지적 능력과 인지 능력에만 좌우하는 것일까? 절대 아니다. 당신이 어떤 방식으로 독서를 하고 어떤 접근법으로 책을 대하느냐에 따라서 독서력과 독서량은 엄청난 차이가 발생한다.

그중에 핵심은 커넥토 리딩과 플랫폼 독서법이다. 연결이 많아질수록 새로운 아이디어와 지식이 많이 창출된다. 새로운 아이디어가 많아질수록 그것들이 뒤섞이고 어우러져 새로운 혁신과 또 다른 아이디어로 재탄생할 기회가 급상승한다.

독서법 책을 좋아하거나 독서법에 관심 있는 독자라면 모티머 애들러를 잘 알 것이다. 그는 자신의 책에서 "독서를 한다는 것은 마치 야구에서 포수가 공을 잘 받아내는 것"으로 비유한 적이 있다. 투수는 다양한 구질의 공을 던진다. 때로는 빠르게, 때로는 느리게, 때로는 변화구도, 직구도 던진다. 투수가 던지는 다양한 공을 잘 받아낼 수 있어야 훌륭한 포수이듯, 독서가는 다양한 책을 잘 읽을 수 있어야 한다는 것이다.

기존의 독서가 투수가 던지는 공을 하나씩 잘 받아내는 순차적인 독서였다면, 플랫폼 리딩은 많은 공을 하나도 빠뜨리지 않고 잘 받아낼 수 있도록 거대한 그물망을 만들어놓고 공을 던지게 하는 것과 다름없다. 그것도 한 명의 투수가 아니라 수십 명의 투수가 한꺼번에 던져도 전혀 문제 없도록 말이다.

빌 게이츠, 스티브 잡스, 일론 머스크는
왜 백과사전 읽기를 좋아했을까

이 시대의 독서 천재들인 빌 게이츠, 스티브 잡스, 일론 머스크에게는 독서와 관련하여 재미있는 공통점이 하나 있다. 이 세 사람이 백과사전 읽는 것을 매우 좋아했다는 점이다.

빌 게이츠는 여덟 살 되던 해에 《월드북 백과사전The World Book Encyclopedia》을 처음부터 끝까지 독파했다. 이 백과사전에는 1만 7,000건의 기사를 비롯해 1,700개의 표, 15만 개의 색인, 6만 개의 참조자료, 1,600개의 추천도서 목록, 22만 9,000개의 단어가 수록되어 있다. 게이츠는 백과사전을 마치 장난감을 가지고 놀듯 재미로 즐기면서 읽었던 것이다.

스티브 잡스도 백과사전 읽기를 좋아했다. 우리가 기억하는 그의 유명한 스탠퍼드 연설의 명대사 "stay hungry, stay foolish(항상 갈망하면서 우직하게 나아가라)"는 잡스가 먼저 한 말이 아니라, 그가 어렸을 때 즐겨 읽었던 백과사전의 맨 뒤편에 나오는 문장이었다.

일론 머스크도 백과사전 읽는 것을 좋아했다. 그는 "스페이스엑스라는 우주산업의 아이디어는 어디서 얻었습니까?"라는 질문을 받을 때마다 이렇게 대답한다.

"그 아이디어는 제가 가장 즐겨 읽었던 공상과학소설과 백과사전에서 얻었습니다."

그의 말처럼 그는 실제로 9살 때부터 브리태니커 백과사전을 반복해서 읽었다. 거의 외우다시피 할 정도로 백과사전 읽기를 좋아했다. 이 책의 후반부에 토머스 에디슨의 독서에 대해서도 이야기를 하겠지만, 그 역시 백과사전 읽기를 무척 좋아했다.

이런 이야기를 듣고 많은 사람이 그런가 보다 하면서 그냥 지나칠 것이다. 그러나 나는 그냥 지나치지 않고, 여러 가지 질문을 던졌다.

첫 번째 질문은 '왜 그들은 백과사전을 좋아할까'였다. 그러나 이것은 올바른 질문이 아니었음을 깨달았다. 두 번째 질문이 올바른 답을 얻을 수 있는 질문이었다.

'왜 그들은 하필 백과사전 읽기를 좋아하는 것일까?'

곰곰이 생각해본 결과, 나름의 답을 찾았다. 그것이 바로 이 책의 핵심 주제인 플랫폼 리딩의 원리가 되었다.

보통의 독자들은 아무 의심도, 저항도 없이 파이프라인식 독서를 했다. 파이프라인식 독서법은 100년 동안 이어온 전통적인 접근법이다. 이런 파이프라인식 독서법에 그 어떤 독자도 딴죽을 걸거나 저항을 하지 않았다. 몇몇 독서의 선구자들을 제외하고는 말이다. 그들은 보통의 독자들이 아무 의심도 없이 그냥 하던 방식의 독서와 다른 독서를 했던 것이다.

지금껏 독자들은 한 권 한 권씩 순차적이고, 개별적으로 파이프라인식 독서를 했다. 그러나 빌 게이츠와 스티브 잡스, 일론 머스크는 자신이 읽은 다양한 내용과 주제들을 연결하는 커넥토 리딩 방식의 독서를 했다. 커넥토 리딩 방식의 독서를 즐기는 이들에게는 백과사전이 가장 좋은 교재다. 주제를 넘나들면서, 다양한 내용을 읽으며 연결하고 또 연결하는 커넥토 리딩에 대해서는 이후 6장에서 더 자세하게 다룰 것이다.

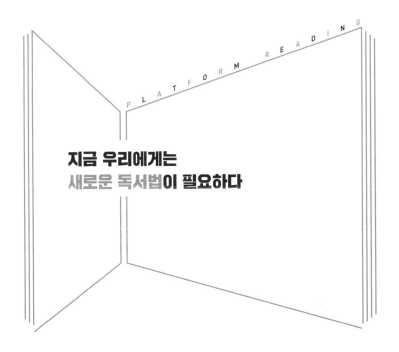

지금 우리에게는
새로운 독서법이 필요하다

우리는 독서가 발명된 이래 지금까지, 독서의 가장 기본적인 방식은 읽고 생각하고 질문하고 토론하는 독서라고 믿어왔다. 보통 독자들은 이러한 신념과 생각, 패러다임이 너무나 확고하여 이외의 길은 없다고 단정하듯 아무도 다른 이의를 생각하지 않는 것 같다.

　그러나 생각하고 질문하고 토론하는 독서를 통해 우리가 얻을 수 있는 것은 무엇인가? 그것은 올바른 정답이나 해결책이기도 하며, 때로는 근본적인 사고력의 확장이나 성장이다.

우리가 알고 있는 독서 천재들, 세상을 바꾼 독서 천재들은 과연 이런 독서를 했을까? 이 책에서 언급하는 독서 천재들은 생각하고 질문하고 토론하는 독서를 하지 않았다. 오히려 이들은 스스로 연결하고 구축하고 상호 작용하는 독서를 했다고 생각한다.

4차 산업혁명 시대에 기존의 거대한 공룡 기업들을 순식간에 무너뜨리고 세계 최고의 IT 기업이 된 애플, 구글, 페이스북, 아마존의 비결은 한마디로 플랫폼 구축이었다. 그들 역시 이들 기업처럼 플랫폼을 구축하는 독서를 했던 것이다.

생각하고 질문하고 토론하여 책의 내용을 이해하고 지식을 습득하는 독서에서 벗어나, 연결하고 구축하고 상호 작용하여 책의 내용을 뛰어넘는 거대한 지식과 정보, 아이디어와 생각들의 플랫폼을 구축하는 독서 기술이 있다면, 어느 쪽이 더 우리 인생에 도움이 될까?

후자의 독서 기술이 더 효과가 있을 것이다. 전자와 비교했을 때, 후자는 차원이 다른 독서법이라고 생각한다. 전자가 1차원적 독서 기술이라면, 후자는 4차원 이상의 다차원 독서법이기 때문이다.

한 개인의 생각이나 질문, 답변은 편협하고 주관화될 수 있다. 다람쥐가 종일 쳇바퀴를 돌면서도 그것에서 빠져나오지 못하는 것처럼 말이다. 그러나 다양한 지식과 아이디어를 연결하고 통합하여 플랫폼을 구축하면, 그것들을 제대로 분석하여 더 나은 통찰이 나올 수 있을 뿐 아니라 다양한 생각과 지식의 상호 작용을 통해 새로운 아이디어를 끊임없이 끄집어낼 수 있다. 이런 환경을 만드는 것은 주관적이고 편협한 사고에서 쉽게 빠져나와 좀 더 객관적이며 차원 높은 생각을 할 수 있게 해준다. 이 책에서 언급된 독서 천재들이 하나같이 남다른 발명가이거나 뛰어난 창조가 혹은 혁신가인 이유가 여기에 있다. 이것이 플랫폼의 효과 중 하나다.

새로운 것을 만들고 기존의 것을 혁신하고 아무도 생각해내지 못했던 아이디어와 사업을 창출하는 데 새로운 독서 기술이 훨씬 더 유리하다는 것은 이제 자명한 사실이다.

스티브 잡스는 세계적 기술 문화 잡지 〈와이어드Wired〉와의 인터뷰에서 "창조는 여러 가지 요소를 하나로 연결하는 것이며, 창의력은 다양한 것들, 특히 이질적인 것들을 연결할 때 생겨난다"고 말한 바 있다.

기존의 독서 방식보다 새로운 독서 기술이 창조에 특히 유리한 이유가 바로 이것 아닐까?

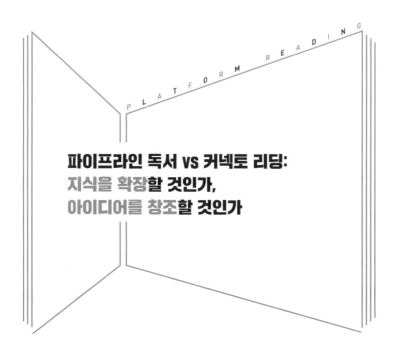

파이프라인 독서 vs 커넥토 리딩: 지식을 확장할 것인가, 아이디어를 창조할 것인가

우리가 아무 의심 없이 그대로 따라했던 전통적인 독서 기술은 파이프라인식 독서법이다. 한 권씩 순차적으로 읽으면서 새로운 지식을 습득하는 지식확장형 독서 기술이었다. 그러나 여러 권의 책을 동시에 읽으면서 통합적으로 연결하여 플랫폼을 만드는 독서 기술이 있다면 어떨까?

페이스북은 15억 명이 넘는 가입자를 보유한 세계 최대의 미디어 기업이다. 그런데 페이스북에 올라오는 게시물 중에 페이스북이 직접 창작한 콘텐츠는 하나도 없다. 중요한 것은 지식의 소유나 확장이 아니라 세상에 외따로 존재하는 지식을 얼마나 잘 연결하여 거대한 지식 혹은 아이디어, 생각의 플랫폼을 구축하느냐는 것이다.

파이프라인식 독서를 열심히 해서 1만 권의 책을 읽어냈다고 하자. 여기서 얻어낸 개별적인 지식은 어떤 무기도 되지 못한다. 그러나 수많은 지식과 생각을 잘 연결하여 새로운 플랫폼을 구축하면 강력한 무기가 되어, 또 다른 지식이나 아이디어로 발전할 수 있다. 새로운 콘텐츠를 만들 수도 있다. 플랫폼의 위력은 바로 이런 것이다.

10권의 책을 읽은 사람이라도 100권 혹은 1,000권의 책을 읽은 사람보다 더 나은 성과를 창출하고, 더 큰 발명과 도약을 하는 경우가 있다. 그저 운이 좋아 그렇게 되었다고 모호하게 답변할 수도 있겠지만, 세상은 생각보다 정확하다. 지식 확장을 위해 파이프라인식 독서로 100권을 읽은 사람은 단 한 권의 책도 잘 쓸 수 없지만, 하나의 주제에 대해 플랫폼을 구축하는 독서를 한 사람은 10권만 읽어도 새로운 책 한 권을 거뜬하게 써낼 수 있다. 다양한 지식과 정보, 아이디어와 생각이 연결되면 그 위력은 매우 강력해지기 때문이다.

지식이 많다고 모든 학자가 책을 써낼 수 있는 것은 아니다. '구슬이 서 말이라도 꿰어야 보배'라는 말처럼, 자신이 가진 지식을 잘 꿸 수 있는 기술이나 능력이 없다면 책을 쓸 수 없다.

파이프라인식 독서를 통해 얻은 단편적인 지식은 각각 따로이기 때문에 큰 힘이 없다. 그러나 네트워크로 형성된 버티컬 플랫폼vertical platform의 위력은 자신의 지식이 아니어도 충분히 활용 가능하다는 점과, 적은 지식이라도 상호 작용을 통해 새로운 아이디어와 생각을 창출해낸다는 점에 있다.

플랫폼 리딩은 토머스 에디슨의 사례에서 그 원리를 설명할 수 있다. 비슷한 능력을 지녔던 영국의 과학자 조지프 스완Joseph Swan은 제품을 발명하는 데 그쳤지만, 에디슨은 자신이 발명한 것과 외부의 것을 연결하고 공유하여 당시 존재하지 않았던 새로운 플랫폼인 자신만의 산업을 창출했다.

대표적인 플랫폼 기업 중 하나인 우버Uber는 택시를 한 대도 소유하거나 통제하지 않는다. 그런데도 세계 최대의 택시 회사인 이유가 바로 여기에 있다. 플랫폼 비즈니스는 자신들이 소유하거나 통제하지 않는 자원을 활용하여 가치를 창출할 수 있기 때문에 전통적인 비즈니스보다 훨씬 빠르게 성장할 수 있다.

지식 확장을 위한 독서는 지식을 넓히고 소유하면 목적 달성이지만, 플랫폼 구축을 위한 독서는 목적이 지식이 아니라 새로운 아이디어, 새로운 발명, 새로운 생각을 끊임없이 탄생시키는 것이다.

플랫폼 리딩은 힘들게 많은 책을 읽어서 많은 지식을 소유하는 것이 목적이 아니라, 읽은 책의 내용과 지식을 연결하고 상호 교류를 통해 플랫폼을 구축하는 것이 1차 목적이다. 일단 플랫폼이 구축되면 새로운 지식과 아이디어는 매우 수월하게 창출할 수 있다. 더불어 다음에 읽을 책을 순식간에 독파할 수 있게 된다.

3장 _____

그들만 아는
플랫폼 독서법의
강력한 기술

"밭이 있어도 갈지 않으면 창고가 비고
책이 있어도 읽지 않으면 자손이 어리석어진다."
— 백거이白居易, 〈권학문勸學文〉

독서 천재들만이 사용했던
독서의 최고 기술

인류 역사상 수많은 독서 천재가 존재했다. 그러나 독서 천재 혹은 독서광에도 두 종류가 있다.

첫 번째는 일반적인 독서광이다. 이들은 독서를 너무 좋아해서 평생 독서를 했고, 독서량이 어마어마하다. 독서를 통해 성장과 발전도 했을 것이고, 내면의 지력과 사고력은 우리의 상상을 초월할지도 모른다. 그러나 그게 전부다.

두 번째는 우주에 흔적을 남긴 독서광, 내가 독서 천재라고 부르는 이들이다. 이 책에서 내가 한 번이라도 언급한 이들은 모두 이 두 번째 부류의 독서광이다.

첫 번째 종류의 독서광들은 내면의 성장을 이루었다. 분명한 것은 독서를 통해 큰 기쁨과 즐거움, 자기만족을 누렸다는 것이다. 그러나 두 번째 종류의 독서광들은 독서를 통해 자기만족뿐 아니라 외적으로도 큰 성과를 거뒀다.

그렇다면 우주에 흔적을 남긴 독서 천재들은 과연 어떤 독서 기술을 사용하며 독서를 했을까?

4차 산업혁명 시대와 관련한 책이 몇 년 전부터 꾸준히 출간되고 있다. 그래서 관심이 없어도 읽게 된다. 그러다 몇 가지 놀라운 사실에 대해 깨달음을 얻게 되었다. 그중 하나가 플랫폼의 효과였다.

구글이나 페이스북, 아마존, 애플이 엄청난 자본과 기술력을 가지고 있었던 거대한 공룡 기업들을 순식간에 추월하게 해준 놀라운 비밀이 이것이었다. 이 사실을 몇 년 전에 알았을 때는 그저 알고 넘어갔다. 그러나 최근 플랫폼의 효과에 대해 집중 독서를 하면서 엄청난 충격을 받았다. 플랫폼이라는 개념이 비즈니스에만 존재하는 것이 아니라 우리의 모든 삶에 적용 가능한 하나의 일반적인 원리이며 법칙이 될 수 있다는 사실을 깨달았기 때문이다.

남이 알려줘서 알게 되는 것과 스스로 깨닫게 되는 것은 엄청난 차이가 있다. 이번에 나는 후자였다. 비로소 스스로 깨닫게 되었던 것이다. 독서 천재들은 커넥토 리딩과 플랫폼 리딩, 즉 플랫폼 독서법을 실천하고 적용했던 이들이었고, 독서 능력이 남달리 뛰어났던 인물들이었다.

지금부터 독서 천재들만이 사용했던 최고 수준의 독서 기술을 하나씩 차근차근 배워보자.

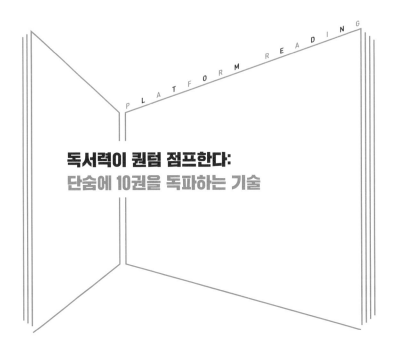

독서력이 퀀텀 점프한다:
단숨에 10권을 독파하는 기술

독서에도 혁명이 필요하다. 당신은 어떤 혁명을 이루었는가? 100년 전과 똑같은 독서 방법과 수준으로 지금도 독서를 하는가? 초등학교 때 사용했던 독서 기술과 수준에서 발전과 성장도 없는 그런 독서법으로 평생 독서를 할 것인가?

독서에도 요령이 있고 기술이 있다. 당신을 순식간에 독서 천재로 도약시켜주는 그런 독서 기술은 분명히 있다. 당신이 아직 발견하지 못했을 뿐이다.

그러나 이제 기뻐해도 된다. 이 책을 통해 인공지능 시대에 꼭 필요한 독서의 혁명인 독서 기술을 발견할 수 있을 것이기 때문이다.

> 제대로만 익히면 백 권의 책을 열흘에 해치울 수 있다. 읽기로 하는 공부, 독서에는 요령이 필요하다. 초서를 통해 그 요령을 익힐 수 있다. 덮어놓고 읽지 말고 가려서 읽어라.
>
> 정약용, 〈두 아들에게 답함答二兒〉

다산은 두 아들에게, 제대로만 익히면 100권의 책을 10일 만에 독파할 수 있다고 분명하게 말했다. 그러므로 그 요령, 독서하는 방법, 100권의 책을 10일 만에 해치울 수 있는 방법을 배우고 익혀야 한다. 무작정 덮어놓고 읽으면 자기만족은 될지 몰라도 우리가 원하는 궁극적인 독서의 목적을 달성할 수는 없다.

초서 독서법을 통해 그 독서 방법을 배우고 익힐 수 있다. 그러나 초서 독서법이 그 방법은 아니다. 퀀텀과 초서는 플랫폼 리딩을 더 효과적으로 잘할 수 있도록 도와주는 여러 가지 독서법 중 한 가지다. 그런 점에서 퀀텀과 초서를 배우고 익힌 사람들은 사실 100권의 책이 아니라 1,000권의 책을 10일 만에 해치울 수 있다. 이 독서 기술들이 순식간에 10권의 책을 독파하게 해주는 기술이라는 점은 분명한 사실이다.

보물찾기 놀이를 해본 적이 있는가? 초등학교 시절 소풍을 가면 산속 바위 밑이나 나뭇가지 사이에 선생님께서 숨겨 놓은 보물 쪽지를 찾는 행사를 하곤 했었다.

보물 쪽지를 찾기 위해 앞다투어 달려나가면서 느끼는 즐거움, 찾는 과정에서 느끼는 몰입, 보물 쪽지를 발견하는 그 짜릿함, 이 모든 것이 얼마나 큰 기쁨이고 즐거움이던가!

독서도 이와 같이 할 수 있다. 한 권 한 권 읽는 것은 지루하고 재미없고 식상하다. 그러나 한 번에 여러 권의 책을 동시에 연결하며 읽으면 너무나 재미있다. 책의 내용을 수동적으로 수용하고 지식을 습득하다가, 능동적으로 각기 다른 주장을 하는 작가의 여러 책들을 비교하면서 새로운 지식의 플랫폼을 구축해나가는 것은 마치 예술가가 예술 작품을 만들어가는 것과 같다.

어떻게 빌 게이츠, 스티브 잡스, 일론 머스크가 그리 독서를 많이 할 수 있었을까? 바로 보물찾기 놀이와 같은 유희적 독서 기술을 사용했기 때문이다.

이것은 지금까지의 독서법과 전혀 다르다. 매우 쉽고 재미있다. 쉽고 재미있지만, 효과는 극대화된다. 믿기 힘들겠지만 독서가 어느 순간 놀이가 되고 유희가 되고 쾌락이 된다는 사실을 어떻게 설명할 수 있을까?

　한창 〈미스트롯〉이라는 방송이 인기를 끌었다. 트로트라는 장르의 노래를 그냥 들으면 젊은이들은 그 매력을 잘 모를 수도 있다. 나도 젊은지 트로트를 별로 좋아하지 않았지만, 그 방송을 보고 나서는 트로트를 좋아하게 되었다. 왜 트로트에 관심 없던 사람이 〈미스트롯〉이라는 트로트 방송에는 열광하는 것일까?

　트로트 한 곡 한 곡을 방송해준다면 결코 이렇게 열광하지 않았을 것이다. 다양한 개성을 가진 출연자들이 서로 비교하고 경쟁하며 '100억 미스트롯 선발'이라는 플랫폼을 구축해나가는 과정에서 출연자들, 심사자들, 시청자들이 서로 연결되고 상호 작용을 하면서 플랫폼 효과를 만들어냈기 때문에 엄청난 인기몰이를 할 수 있었던 것이다.

　바로 이것이다. 독서를 할 때도 바로 이렇게 하라는 것이다. 이미 위대한 독서 천재들은 이런 식으로 독서에 접근해 독서를 했다.

신토피컬 독서법을 뛰어넘는
플랫폼 리딩

독서법에도 고전이 있다. 내가 생각하는 최고의 고전은 모티머 애들러의 《독서의 기술》이라는 책이다. 다양한 번역본이 있는데, 어떤 책은 번역이 엉망이라 읽기가 매우 힘들고, 어떤 책은 원문의 내용이 생략된 것도 있어서 아쉬운 점이 많다.

나는 10년 전 도서관에서 처음 이 책을 읽고 충격을 받았다. 1950년대에 출간된 책이기 때문이다. 무려 50년 전에 이런 독서법 책이 나왔다니 얼마나 놀라운가? 이 책의 저자가 독서법만 연구하고 공부하는 전문가도 아니었다는 사실에 또 한번 충격을 받았다. 모티머 애들러는 철학자이자 교육자에 가까운 사람이었다.

그가 말하는 최고 수준의 독서 기술이 신토피컬^{syntopical} 독서법이다. 신토피컬 독서법은 쉽게 설명하면, 하나의 주제에 대해 여러 권의 책을 동시에 읽으면서 비교하고, 이를 통해 그 주제를 심층적으로 이해하는 독서법이라고 말할 수 있다.

'신토피컬'에서 '신^{syn}'은 '함께, 동시에, 비슷한' 등을 나타내는 접두사이고, '토픽^{topic}'은 '화제의, 주제의'란 의미다. 따라서 신토피컬 독서법이란 동일한 주제에 대하여 여러 권의 책을 동시에 함께 읽는 독서법이라는 뜻이 된다.

50년 전에 나온 신토피컬 독서법은 당시로서는 최고로 혁신적인 독서법이었고, 아직도 많은 이가 사용하는 독서법이다. 그러나 신토피컬 독서법의 최고의 목표는 여러 권의 비교를 통한 심층 이해였다. 이제는 신토피컬 독서보다 몇 단계 더 수준 높은 새로운 독서법이 필요하다.

정보 과잉, 인공지능 시대에는 정보가 넘치고, 너무 많은 책이 쏟아져 나온다. 이런 시대에는 훨씬 더 강력한 독서 기술이 필요하다. 그것이 바로 플랫폼 리딩이다.

어제와 별반 다를 바 없는 파이프라인식 독서를 할 것인지, 독서력과 독서량을 급상승시켜주는 플랫폼 리딩을 할 것인지는 이제 독자의 선택에 달렸다.

플랫폼 독서는 독서의 프레임을 뛰어넘는, 독서의 프레임이 없는 독서법이다. 틀에 갇힌 독서에서 벗어나 틀을 깨는 독서를 하게 해주는 독서 기술이다.

순식간에 읽고 빅데이터로 변환한다:
플랫폼 리딩의 작동 원리

모티머 애들러의 신토피컬 독서법을 포함하여 거의 대부분 기존 독서법의 목표는 책 내용의 이해와 새로운 지식의 습득이다. 즉 이해와 지식을 위한 독서였다. 그러나 플랫폼 리딩은 활용과 생성을 위한 독서다.

초연결hyper connectivity 혹은 초지능super intelligence을 위한 플랫폼이 구축되는 순간 어마어마한 효과를 경험하게 된다. 이 독서법은 방대한 양의 책을 순식간에 읽을 수 있도록 해줄 뿐만 아니라 읽은 책을 빅데이터로 전환할 수 있게 해주는 독서 기술이며, 그 중심에는 커넥토 리딩과 플랫폼 리딩이 자리 잡고 있다.

놀라운 사실은 일단 자기 자신만의 플랫폼이 구축되면, 그 후에는 진공청소기가 한 번에 많은 먼지를 빨아들이듯 많은 양의 책을 빨아들일 수 있게 된다는 것이다.

이를테면 구체적으로 다음과 같은 장면을 상상해보기 바란다.

'플랫폼'이라는 말이 귀에 들어왔다. 그래서 도서관에 가서 '플랫폼'이라는 단어가 들어간 책을 모조리 꺼내와 책상 위에 놓고, 플랫폼이라는 주제에 대해서 플랫폼을 구축하기 시작했다.

플랫폼이 무엇이고, 플랫폼 비즈니스에는 어떤 것이 있고, 플랫폼의 종류는 얼마나 다양하고, 플랫폼 구축의 효과는 어떤 것들이 있으며, 플랫폼은 얼마나 확장 · 응용이 가능한 것인지 궁금증을 해결해가며 책상 위에 있는 10권의 책을 순식간에 읽게 되었다.

여기서 중요한 것은 한 권의 책을 처음부터 끝까지 한 글자도 빠뜨리지 않고 촘촘히 다 읽을 필요는 전혀 없다는 것이다. 그저 보물찾기 하듯 즐겁고 지루하지 않게 하나의 주제에 빠져들면서 연결하고 공유하고 생성하며 상호 작용을 하게 하는 것이다.

'플랫폼'이라는 주제와 관련 없는 내용이 나온다면 무조건 건

너뛴다. 물론 관심이 가고 재미있다면 머리를 식힐 겸 읽어도 되지만 말이다. 이런 식으로 필요한 주제와 관련한 부분만을 뽑아 읽으면서 연결하고 빅데이터를 생성하기 위해 초서 독서법은 정말 필수적이다. 인간의 지능과 기억력에는 반드시 한계가 있기 때문이다.

이렇게 독서를 하면 정말 재미있다. 다산 정약용은 이런 식의 독서를 했던 것이다. 그 근거는 다산이 두 아들에게 보낸 편지에 계속해 나온다.

여기서 한 가지 주의 사항은, 퀀텀 독서법을 배워서 한 권의 책을 빨리 읽을 수 있는 사람과 한 권의 독서에 다섯 시간 혹은 열 시간이 걸리는 사람은 플랫폼 리딩을 배워도 차이가 있다는 사실이다. 이것은 초서 독서법에도 그대로 적용된다. 초서 독서법으로 책의 핵심 주제를 잘 뽑아내는 훈련을 한 사람은 플랫폼 리딩을 누구보다 잘할 수 있다. 다산은 바로 이런 점에서 뛰어났던 것이다.

기존 독서와 플랫폼 리딩의 차이점 한눈에 보기

기존의 파이프라인식 독서법이 이해와 지식 습득 중심으로 단방향 1차원의 독서법이었다면, 플랫폼 리딩은 연결과 데이터 생성 중심의 양방향, 다차원 병합 독서법이다.

　기존의 전통적인 독서법은 많은 지식을 습득하여 소유하는 것이 최고의 독서 목적이었다. 그러나 플랫폼 리딩은 습득과 소유에는 관심이 없다. 우버가 단 한 대의 택시도 소유하지 않는 것처럼 말이다. 대신 플랫폼 리딩은 세상에 널려 있는 지식과 아이디어를 활용하여 새로운 가치를 창출하는 것을 목적으로 한다.

기존의 독서는 아무리 많은 양의 책을 독파해도 새로운 책을 한 권 쓰거나 새로운 콘텐츠를 만드는 것이 매우 힘들고 어려웠다. 추가적으로 더 많은 시간과 자료가 필요했다.

그러나 플랫폼 리딩은 그렇지 않다. 독서 자체가 바로 새로운 책과 콘텐츠를 만들고 쓰는 것이기 때문이다. 그래서 추가적인 작업과 시간이 필요하지 않다. 독서 그 자체가 바로 발명의 시간이고, 집필 시간이며, 콘텐츠 창조의 시간이다.

내가 독서를 하면서도, 강의를 그토록 많이 하면서도 책을 지속적으로 꾸준히 출간해낼 수 있었던 비밀도 바로 이것이다. 나에게는 독서가 바로 집필이었던 셈이다.

기존의 전통적인 독서와 플랫폼 리딩의 차이점을 한눈에 보기 쉽게 도표로 작성해보면 다음과 같다.

	파이프라인식 독서법	플랫폼 독서법
중심	이해 중심	연결 중심
차원	1차원	다차원
진행 방향	단방향	양방향
추구 방향	지식 습득	빅데이터 생성
성격	개별적	병합적
목적	지식 습득, 지식 확장	플랫폼 구축, 플랫폼 확장
방법	한번에 한 권씩	한번에 여러 권
결과	많은 지식 소유	새로운 지식과 아이디어 생성
가치	지식 소유에 만족	지식 활용 극대화

플랫폼 리딩,
이렇게 한다

플랫폼 리딩의 구체적인 방법을 예로 들어 보면 이렇다.

먼저 주제를 정한다. 즉 목표를 정하는 것이다. 목표 없는 책 읽기는 절대 하지 마라. 소일거리로, 심심해서 책을 읽는 사람은 예외다. 그러니 당신이 독서를 위한 독서를 하는 것인지, 인생을 바꾸고 적용하기 위해 목적이 있는 독서를 하는 것인지 분명하게 알고 실행해야 한다.

일단 우리의 목표가 책 쓰기라고 정하자. 책 쓰기를 잘하고 싶다면, 아니면 책 쓰기가 알고 싶은 주제 혹은 해결해야 할 문제라면, 먼저 '책 쓰기를 어떻게 하면 잘할 수 있을까?'라는 한 가지 목표를 설정한다.

목표를 설정했다면 주제와 관련한 책을 고른다. 이 과정은 굉장히 어렵고 신경을 많이 써야 한다. 실제로 책 읽기 과정이나 그 후 과정보다 어떤 책을 읽느냐가 정말 중요하다. 정말 좋은 책을 선정해서 읽는 것과 하나도 도움이 안 되는 시시한 책만 골라서 읽는 것은 하늘과 땅만큼 차이가 크기 때문이다.

최고 전문가의 책이나 정말 실력 있는 작가의 책은 아주 많은 것을 배울 수 있다. 그러나 반대로 형편없는 작가나 실력이 없는 작가의 책을 읽으면 짜증이 나거나 화가 날 수도 있다. 정말 책 읽는 시간이 너무나 아깝고, 종이가 아깝고, 책값이 아깝기 때문이다.

따라서 주제와 관련한 책을 선택하되, 더 중요한 것은 실력 있는 저자의 책, 내용이 풍성하고 알찬 책, 많은 이에게 사랑을 받고, 독자에게 많이 읽히는 책 위주로 선택해야 한다. 우리는 세상 모든 책을 다 읽어볼 시간이 없기 때문이다. 우리 대신 먼저 읽은 사람이 많다는 것은 그만큼 그 책이 나쁘지 않다는 이야기다.

주제와 관련해서 배울 점이 많고, 독자들에게 인정 받는 유익하고 좋은 책을 선택하기 위해서는 몇 가지 과정을 거쳐야 한다.

먼저 책 쓰기를 주제로 한 책을 도서관이나 인터넷에서 검색한다. 책 쓰기 관련 책이 많이 검색될 텐데, 그중에서 구체적인 주제와 더 관련이 높은 책을 자신이 선택하고자 하는 양보다 2~3배 많이 선택한다. 그중 반 이상은 탈락을 하기 때문에, 2~3배 많이 선택하는 것이다.

무조건 책 쓰기 책이라고 다 선정하는 것은 시간 낭비이고, 비효율적이다. 같은 주제의 책이라 해도 진짜 전문가가 쓴 책이 있고, 실력 없이 포장만 잘된 사람이 쓴 배울 것이 없는 책이 있다. 문제는 어떻게 배울 것이 많은 내용이 풍성하고 믿을 수 있는 책을 선택하느냐 하는 것이다.

여기에 대해서 몇 가지 팁을 주면 이렇다.

먼저 어떤 주제이든 그 주제를 쓴 저자의 객관적인 업적이나 성과를 살펴봐야 한다. 이것이 가장 중요하다. 가령 책 쓰기 도서를 선정할 때에, 그 책을 쓴 저자의 실력과 내공을 객관적으로 평가하는 기준이 될 만한 것을 선정해야 한다.

책 쓰기 도서 저자의 책 쓰기 수준을 객관적으로 평가할 수 있는 가장 좋은 방법은 두 가지다.

간단한 첫 번째 방법은 그 저자가 지금까지 쓴 책 중에서 많은 이가 읽고 좋아하여, 실제로 베스트셀러가 된 책이 과연 몇 권이나 있느냐를 파악하는 것이다. 수십 권의 책을 썼다고 자랑하는 저자에게 실제로 베스트셀러에 오른 책이 단 한 권도 없다면, 이는 문제가 있다. 최고에게 배워야 최고가 될 수 있기 때문이다. 지금껏 출간된 모든 책을 살펴야 하는 이유는 과거에는 책을 많이 썼지만, 지금은 쉬거나 혹은 또 다른 일에 더 열정을 쏟는 경우도 있기 때문이다.

두 번째 방법은 더 중요하다. 진짜 실력 있는 저자라면 과거보다 지금 더 독자들에게 사랑받아야 한다. 어떤 분야든 갈수록 성장하는 사람이 진짜 전문가다. 현재 대형 서점 분야별 베스트셀러 100위 안에 그 저자의 책이 몇 권 있는지 파악하는 것이 중요하다. 대형 서점의 자기계발 분야 베스트셀러를 1위부터 쭉 내려가다 보면, 책을 잘 쓰는 저자들, 그래서 독자들에게 사랑받는 저자들이 누구인지, 반대로 무늬만 저자인 실력 없는 저자들이 누구인지 알 수 있다.

이런 검증 과정을 걸쳐서 주제와 연관이 있으면서도, 배울 것이 많은 좋은 책, 많은 독자에게 인정받는 책 위주로 10권 정도를 선정하여 구입해 읽는다.

도서관에 가서 빌려볼 생각은 하지 마라. 좋은 책이고 사랑받는 책일수록 도서관에서는 대여 중이라 읽기가 힘들다는 점을 명심하자. 좋은 책이라면 구입해 소장하는 것이 더 유익하다.

'어떻게 하면 나도 단시간에 책 쓰기를 잘할 수 있을까'에 대해 집중하면서, 선정된 여러 권의 책을 동시에 혹은 연속해서 읽으며 이 질문에 해결책이 될 수 있는 내용을 모두 초서하면서 노트에 기록한다.

여기서 또 중요한 과정은 반드시 읽은 내용을 초서해야 한다는 점이다. 당신이 천재라면 상관없지만 평범하다면, 초서를 하지 않는 것은 큰 문제가 된다. 독서의 목적이 독서 그 자체가 아니라 어떤 목표를 달성하는 것, 즉 어떤 문제에 대한 솔루션을 발견하는 것이기 때문이다.

초서를 하지 않으면 그 다음 과정에서 연결하고 융합하고 구축하는 것이 매우 힘들고 어려워진다. 그래서 눈으로만 읽는 것과 초서를 하는 것에 큰 격차가 발생하는 것이다. 단순히 읽고 그치는 사람이라면 눈으로만 읽어도 되겠지만, 좋은 독서, 남는 독서를 하고자 한다면 반드시 초서를 해야 하고, 플랫폼 리딩을 하는 이라면 더더욱 초서가 필요하다.

그렇게 다 초서한 노트를 중심으로 이제는 연결하고 융합하여 하나의 거대한 해결책을 만들기 위해 재창조하고 재구성을 한다. 이렇게 만들어진 결과물은 그 자체로도 하나의 책 쓰기 도서가 된다는 사실을 명심하자.

이렇게 하나의 책 쓰기 플랫폼이 구축된 독자들은 그 다음에 어떤 관련 도서를 읽더라도 훨씬 더 빨리, 더 깊이, 더 넓게 책을 읽을 수 있다. 이런 과정을 통해 이미 당신은 책 쓰기 준전문가로 수준이 급상승했기 때문이다.

겨우 10권의 책을 읽었는데 준전문가가 된다고?

그렇다. 그저 눈으로만 읽은 경우라면 100권을 읽어도 부족할 것이다. 그러나 우리는 그저 눈으로만 읽은 것이 아니라 뭔가를 새로 만들어내는 플랫폼 구축 독서를 했다는 사실을 명심하자. 우리는 10권의 책을 읽으며 단계를 밟아나가 플랫폼을 구축했고, 그 과정에서 우리는 그 10권의 책의 내용과 수준을 뛰어넘게 된다. 내용과 수준을 뛰어넘어 그 10권 안에 없던 새로운 책 쓰기 기술이나 책 쓰기 원리, 책 쓰기 방법을 한 개 이상 만들 수 있다. 사람에 따라 여러 개도 만들 수 있고, 어떤 사람은 수십 개도 만들어낸다. 그렇게 생성된 것은 모두 또 다른 책 쓰기 책을 쓸 수 있는 든든한 밑천이 된다.

이런 원리는 매우 중요하다. 당신이 경영에 대해서 논문을 쓸 수 있을 만큼 수준이 높은 박사라면 웬만한 경영서는 쉽게 빨리 읽으면서도 더 많이 이해하고 응용할 수 있다. 일반인보다 훨씬 더 빨리, 더 많이 읽을 수 있다.

플랫폼을 구축한다는 것은 바로 그 분야, 혹은 그 주제에 대해 자신을 박사급으로 급상승시키는 가장 효과적이고 쉬운 방법이다. 평생 학습을 위한 최고의 독서 기술이기도 하다.

한 가지 더 주의할 점은 목표로 삼는 문제나 분야가 다루는 범위가 넓을수록 불리하고 실패할 확률이 높다는 점이다. 즉 이렇게 한다고 해서 누구나 다 플랫폼 구축에 성공을 하는 것은 아니다. 자신의 독서 능력에 따라서 어떤 사람은 실패하고, 어떤 사람은 성공할 수 있다. 성공을 해도 그 성과는 천차만별이다. 나의 경우 10년을 이렇게 독서했기 때문에 일반인들보다는 훨씬 더 성과가 높을 것이다.

그렇다면 독서 초보자에게 방법은 없을까? 있다. 그것은 목표와 주제, 범위를 매우 구체적으로 작게 잡는 것이다.

독서 경험이 없는 독서 초보자일수록 문제를 구체적으로 잡고, 주제의 범위를 잘게 쪼개야 한다. 그래야 성공 확률이 높아진다. 구체적인 질문일수록, 범위가 작을수록 훨씬 더 플랫폼 리딩을 성공할 가능성이 높고 독서의 효과가 크다.

플랫폼 리딩
7단계 훈련법

플랫폼 리딩 훈련법을 7단계로 나누어 자세히 살펴보자.

첫 번째는 독서의 정확한 목표, 즉 해결해야 할 주제를 정한다. 주제도, 목표도 없이 이 책 저 책 표류하는 독서 대신에 한 가지 주제를 선정하여 목적지가 정확한 항해를 하듯, 해결해야 할 주제를 정한다.

두 번째는 그 주제와 가장 관련이 높은 책을 여러 권 선별한다. 독자는 한 권의 책을 샅샅이 개별적으로 이해하는 독서를 하기 전에 그 책이 주제와 어느 정도의 연관성이 있는지를 가려내야 한다. 연관성이 없다면 제외하고, 연관성이 높은 책 순으로 선택한다. 관련성이 높은 책을 선별할수록 독서의 효과는 더 높을 것이다.

세 번째는 동일 주제의 도서 여러 권을 동시에 읽거나, 연속해서 빨리 읽는다. 이때 필요한 독서 기술이 퀀텀 독서법이다. 퀀텀 리딩을 할 수 있다면 훨씬 더 많은 책을 섭렵하여 핵심 내용을 가려낼 수 있을 것이다.

네 번째는 해결해야 할 주제와 관련된 내용을 가려 뽑아 내 글로 정리한다. 이 단계에서 기초가 되는 동시에 반드시 필요한 독서 기술이 초서 독서법이다.

다섯 번째는 여러 권의 책에서 가려 뽑은 아이디어와 지식, 정보 중에서 가장 중요하고 필요한 주제 관련 지식과 아이디어를 분류한 후, 분류된 알맹이 지식과 정보를 연결하여 하나의 아이디어나 지식을 만들고, 핵심으로 분류되지 않은 비주류 지식과 정보 역시 또 다른 하나의 아이디어나 지식으로 만든다.

여섯 번째는 드디어 상호 작용을 통해 만들어진 여러 가지 새로운 지식과 정보와 아이디어를 연결하고 융합하고 재구성하여 한가지 주제에 대한 새로운 빅데이터인 거대한 플랫폼을 구축한다.

일곱 번째는 구축된 플랫폼이 해결해야 할 주제를 충분히 제대로 해결해줄 수 있는 솔루션의 집합 역할을 하는지 검증한다. 만족할 경우 거인의 어깨 위에서 독서하듯 그 플랫폼으로 더 효과적이고 강력하게 독서를 이어나간다. 만약 플랫폼이 솔루션의 집합으로 미비하다고 생각되면, 다시 2단계로 되돌아가 플랫폼 구축 독서의 단계를 하나씩 다시 밟는다.

중요한 것은 솔루션의 총합인 플랫폼을 '얼마나 빨리 구축하느냐'가 아니라, '얼마나 잘 구축하느냐'다.

가령 독서법 도서를 읽으며 '독서법이란 무엇이고 어떤 독서법이 가장 효과적인가'라는 정확한 주제와 가장 관련 있는 부분만 빨리 파악하며 읽는다. 이 질문에 대한 답을 여러 권의 책에서 각각 가려 뽑아 내 글로 정리한 것을 여러 개 연결하고 공유하면, 서로 부족한 답변 내용이 보완되어 궁극적으로 도서별로 따로 얻을 수 있던 답변보다 훨씬 더 만족스러운 답을 할 수 있다.

여기서 중요한 플랫폼 구축 효과와 원리가 나타난다.

아무리 많은 독서법 책을 읽었다고 해도 한 권 한 권 개별적으로 읽고 개별적으로 답을 했을 때는 만족스러운 답변을 찾을 수 없다. 각각의 내용 범위와 수준에서 크게 벗어날 수 없기 때문이다.

그러나 플랫폼 구축 독서를 하면, 한 권 한 권의 내용 범위와 수준을 쉽게 뛰어넘을 수 있다. 이것이 어마어마한 메가 시너지 효과인 것이다.

10권의 책을 읽으면서 해당 주제에 대해 각각의 답을 연결하면 상호 시너지 효과로 부족했던 해결책이 서로 보완을 해주고 융합되면서, 아주 만족스러운 거대한 하나의 해결책이 창출되는 것이다. 이런 연결과 융합의 과정을 통해 기존 책에는 없던 새로운 해답이 나온다. 그것이 바로 새로운 가치 창출이며 빅데이터 생성 과정이라고 할 수 있다.

이렇게 플랫폼 리딩 독서를 하면 좋은 점이 무엇일까? 그것은 많은 시간과 노력을 아낄 수 있는 것은 물론이고 무엇보다 새롭고 더 나은 해결책을 얻고, 관심 주제에 대한 플랫폼을 구축할 수 있게 된다는 것이다.

좋은 독서법을 발견하기 위해서는 1,000권 이상 어마어마한 양의 독서법 책을 읽어야 가능할지 모른다. 1,000권이나 되는 많은 양의 독서법 책을 읽으려면 시간과 노력이 엄청나게 많이 소모된다. 그러나 플랫폼 리딩으로 읽으면, 100여 권만 읽어도 나름 자신에게 좋은 독서법을 충분히 발견할 수 있다. 즉 100권을 읽어도 1,000권을 읽은 효과를 내는 독서법이 플랫폼 리딩인 것이다.

이뿐만 아니라 플랫폼 리딩을 하여 독서법에 대해 어느 정도 플랫폼이 구축된 다음부터는 그 이후에 처음 접하는 독서법 책의 독서가 훨씬 빠르고 쉬워지고 심층 이해가 가능해진다. 독서가 쉬워지고 빨라지면 훨씬 더 많은 책을 먹어치울 수 있다. 선순환 효과도 나타나는 것이다. 이것은 마치 대학교 국어학과 교수가 중학교 국어책을 읽을 때와 같은 효과가 있다.

기존의 독서법은 책의 내용을 수동적으로 이해하고 누군가 힘들게 만들어낸 지식을 쉽게 습득하는 것이었기에, 처음에는 쉽고 편하지만, 갈수록 독서가 힘들어진다. 이런 독서를 계속하는 독자는 독서에 대한 이해력과 수준이 낮을 수밖에 없고, 표면적 이해에 그치지만, 플랫폼 독서를 한 사람은 스스로 힘들게 독서법에 대해 이해하면서 새로운 지식과 아이디어, 자신만의 견해를 창출하기 위해 노력하는 과정을 통해 독서법에 대한 이해력과 수준이 월등히 높아지게 되고, 따라서 심층적인 이해를 한 것으로 생각할 수 있다.

아무것도 없던 곳에 플랫폼을 구축하는 것은 더 힘들고 어렵지만, 일단 구축이 되고 난 뒤에는 관련 주제의 책을 읽을 때 독서력이 갑자기 급상승하고, 독서량도 기하급수적으로 향상될 수 있는 것이다.

결국 플랫폼 리딩은 하나의 주제와 관련한 각각의 책에서 주제와 관련된 사항들을 가려 뽑아 내 글로 정리한 것들을 상호 연결하여, 플랫폼을 구축하는 과정을 통해 새로운 가치와 콘텐츠(해결책)를 창출하는 독서 기술이라고 할 수 있다.

4장 ————————

이 시대에
플랫폼 독서법이
필요한 이유

"우리 머리에 주먹질을 해대는 책이 아니라면,
우리가 왜 그런 책을 읽어야 한단 말인가?"

― F. 카프카Franz Kafka

연결과 구축이
창조의 기폭제다

다양한 분야의 책을 다독하거나, 도서관을 통째로 읽은 이들은 어떻게 발명가가 될 수 있을 만큼 창조성이 뛰어나게 되는 것일까?

창조성은 지식에서 나오지 않는다. 창조성은 새로운 것을 보는 것에서 나온다. 새로운 것을 보는 가장 좋은 방법은 뭔가를 끊임없이 연결하고 구축하는 것이다. 그래야 이전과 전혀 다른 혁신적인 것이 보인다.

기존에 음악이 있었고, TV가 있었다. 이 두 가지는 그냥 개별적으로 존재했다. 그런데 어느 날 이 두 가지를 연결해 관계를 구축했다. 그것이 바로 MTV의 시작이었다. 자동차와 은행을 연결하여 드라이브인drive-in 은행이 생겼고, 땅콩버터와 초콜릿을 연결하여 리즈Reese's 캔디가 탄생했다.

포도즙 압착기는 이전에도 존재했고, 주화 펀치도 마찬가지였다. 따로 개별적으로 존재했다. 그러나 어느 날 이 두 가지를 연결하고 새로운 관계를 구축했다. 그리고 인쇄기가 세상에 탄생하게 되었다.

"연결과 구축은 창조의 기폭제다"라고 말하고 싶다. 미국 MIT의 빅데이터 전문가인 알렉스 펜틀런드Alex Pentland는 창조적인 사람들의 행동을 연구한 결과, 창조적인 사람들은 연결하고 구축하는 성향이 강하다고 말한다. 그는 디지털 빵 부스러기digital bread crumb처럼 큰 의미가 없는 개인의 일상도 연결하고 구축하면 그것은 더 이상 부스러기가 아님을 발견했다.

디지털 빵 부스러기 수십억 개를 연결하고 관계를 구축하여 쌓으면 빅데이터라는 또 다른 플랫폼을 구축하게 되는 것이다. 일단 구축이 되면 그것은 의미 없는 빵 부스러기에서 강력한 통찰력을 우리에게 선사해주는 통찰력의 기폭제가 된다.

이런 연결과 구축을 통해 그동안 이해하기 어려웠던 금융 위기와 정치 격변과 빈부 격차 같은 복잡하고 미묘한 사회 현상을 쉽게 설명할 수 있게 되었다.

벤저민 프랭클린과 다산 정약용, 토머스 에디슨은 연결과 구축의 대가였던 동시에 시스템적 사고의 대가였다. 시스템 사고의 전문가 중 한 명인 피터 센게Peter M. Senge는 순식간에 변화하는 시스템 안에서 독립된, 개별적인 사물보다는 사물 사이의 연결을 통해 알 수 있는 변화의 패턴과 상호 관계를 읽는 것은 창조적 사고의 기초라고 말했다.

보통 독자들에게는 없었지만 이들에게 유독 강하게 존재했던 것이 있다. 자신이 읽은 책의 지식과 경험을 연결하고 구축해서 새로운 것으로 만들어내는 능력이었다.

칭기스칸은 "끊임없이 이동하는 자만이 영원히 살아남는다"라는 멋진 말을 남겼다. 그가 살던 시대에는 이동하는 것이 연결하고 구축하는 것이었다. 그러나 지금은 물리적 이동이 아닌 다른 방식으로도 진정한 연결과 구축을 충분히 할 수 있는 시대라는 점을 명심하자.

우리는 이름 없는 작은 도서관 한구석에 조용히 앉아 책을 읽으면서도 인터넷으로 지구 반대편 사람과 어떤 종류의 연결도 가능한 시대에 살고 있다. 그러므로 당신은 지금부터 연결하고 구축하는 독서를 해야 하고, 그런 일을 해야 하고, 그런 삶을 살아야 할 것이다. 칭기스칸의 말을 바꾸어 이렇게 말하고 싶다.

"끊임없이 연결하는 자만이 영원히 살아남는다."

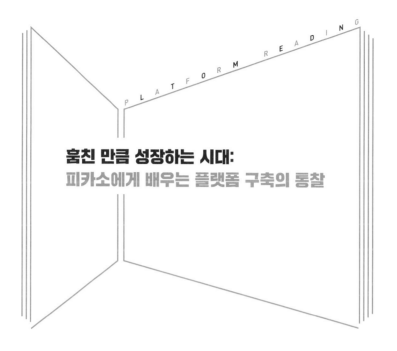

훔친 만큼 성장하는 시대:
피카소에게 배우는 플랫폼 구축의 통찰

피카소가 그린 위대한 작품 〈아비뇽의 처녀들 Les Demoiselles d'Avignon〉에는 비밀이 있다. 이 그림은 피카소가 처음부터 끝까지 창작해서 그린 것이 아니다. 서로 다른 서너 명의 화가들이 그린 작품들, 이미 존재하는 작품들을 가지고 와서 연결하고 융합했다. 이것이 바로 커넥토 혁명이며 플랫폼 구축 효과다.

피카소는 "위대한 예술가는 훔친다"라고 말했다. 그렇다. 예술가는 훔쳐야 한다. 덧붙이면, 예술과 창작은 서로 다른 것을 많이 훔치고 빌려서 연결시키고, 융합하고, 상호 작용을 통해 더 큰 시너지를 창출하는 것이다.

피카소가 위대해진 것은 그가 남보다 그림을 잘 그렸기 때문이 아니라 '입체파' 또는 '큐비즘cubism'이라는 독특한 플랫폼을 구축했기 때문이다. 일단 구축이 되면 그 후로는 어마어마한 창의력과 생산성이 확보된다. 이것이 플랫폼의 힘이다. 그는 이러한 플랫폼을 통해 그 많은 다양하고 놀라운 작품을 하루에 한 개씩 그릴 수 있었다.

〈아비뇽의 처녀들〉도 플랫폼 구축의 부산물인지도 모른다. 이 작품은 루벤스Peter Paul Rubens의 〈파리스의 심판Judgement of Paris〉과 폴 세잔Paul Cézanne의 〈다섯 명의 목욕하는 여인들Cinq baigneuses〉과 〈세 명의 목욕하는 여인들Trois baigneuses〉, 엘 그레코El Greco의 〈요한 묵시록-다섯 번째 봉인의 개봉The Opening of the Fifth Seal〉이라는 그림들에서 훔쳐 자신만의 그림으로 그려낸 것이다.

이것은 '짜깁기나 표절이 아닌가' 하는 문제가 아니다. 짜깁기나 표절과는 차원이 다르다. 피카소는 아주 작은 구성 요소를 자기만의 방식으로 연결하고 해체하고 또 재연결하는 과정을 통해 이전에 그 어떤 화가도 만들지 못했던 새로운 창작물을 만들어냈다.

다른 작가의 그림 일부를 그냥 가지고 오면 표절이고 짜깁기다. 그러나 여기에 자신만의 편집과 연결이 추가되면 또 다른 새로운 창작물이 된다. 피카소는 바로 이런 면에서 "위대한 예술가는 훔친다"라는 도발적인 발언을 했던 것이다.

피카소의 위대한 창작품들은 모두 연결과 융합을 기반으로 한 플랫폼 구축의 산물이다.

10권 독서가 100권 독서를 뛰어넘는다고 하면 말이 될까? 어떻게 독서를 하느냐에 따라 충분히 말이 된다. 일한 만큼 벌고, 읽은 만큼 성장했던 과거 산업화 시대라면 말이 되지 않을 것이다. 그러나 지금은 인공지능 시대다.

웹툰 작가나 유튜버는 일한 만큼 버는 것이 아니라 독자들이 읽은 만큼, 시청한 만큼 돈을 번다. 아마존, 페이스북, 구글 등은 연결되는 만큼 돈을 벌고 영향력을 행사한다. 우버는 택시 이용자가 많을수록 돈을 번다.

기존 독서는 읽은 만큼 배우고 성장한다. 읽은 만큼 도움이 된다. 그러나 이제는 읽은 만큼 도움이 되는 것이 아니라 어떻게 읽느냐에 따라서 효과가 천차만별이다. 기존의 정직한 효과를 뛰어넘는 사례가 인공지능 시대에는 비일비재하다. 더는 지식이나 상품의 단순 접근 능력이나 상황이 무기가 되지 않는 시대이기 때문이다.

인공지능 시대에 무기가 되는 독서는 지식의 단순 접근 독서가 아니다. 대학 졸업장이나 전문 자격증이 아니라, 스스로 자신의 역량을 키울 수 있는 인공지능 능력이 진정한 무기가 되는 시대다.

100권을 읽고 개별적으로 지식만 습득한 경우와, 10권을 읽고 정보와 아이디어를 서로 연결하여 플랫폼을 구축해 새로운 지식과 아이디어를 탄생시킨 경우, 어느 쪽이 더 강력한 무기가 될 수 있을까?

전자의 독서는 읽고 생각하고 토론하고 질문하여 책의 내용을 이해하고 습득하는 독서지만, 후자는 연결하고 융합하고 창조하는 독서다. 이것이 바로 10권 독서가 100권 독서를 뛰어넘는 비결이다.

피카소의 말을 바꾸어 이렇게 말하고 싶다.

"위대한 독서가는 구축한다."

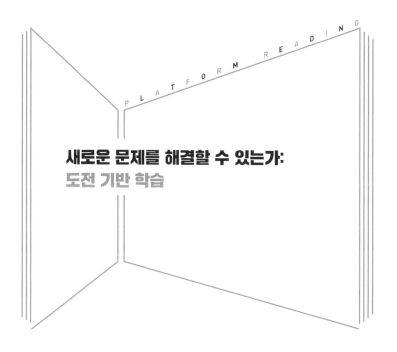

새로운 문제를 해결할 수 있는가:
도전 기반 학습

테슬라^{Tesla}의 CEO인 일론 머스크는 이런 말을 한 적이 있다.

"도구가 아니라 문제에 대해 가르치는 게 중요하다."

우리가 사는 이 시대는 하루가 멀다 하고 신기술이 부상하며, 인공지능을 활용하여 사회 모든 분야에서 엄청난 지각 변동이 일어나는 시대다. 이런 시대에 우리에게 필요한 것은 기존의 지식을 더 많이 쌓는 기술이 아니라, 새로운 문제에 직면했을 때 그것을 해결할 수 있는 상상력과 창의력이며, 매일 맞닥뜨리게 되는 문제에 맞서는 도전 정신을 향상시킬 기술이다.

극적인 변화의 시대에 미래를 선점하고 현재를 이끌어가는 리더들은 기존 지식을 얼마나 많이 알고 있는가로 결정되지 않는다. 그들은 새로운 문제를 얼마나 잘 해결하느냐로 결정된다. 도전 기반 학습은 바로 이런 시대에 가장 필요한 학습법이다.

독서 면에서도 도전 기반 학습challenge based learning은 '해도 그만, 안 해도 그만'인 선택이 아니라, 반드시 해야만 하는 학습 방향이며 목표라 할 수 있다.

도전 기반 학습의 가장 큰 목적은 기존의 지식을 습득하고 그것을 활용하고 소비하는 지식 소비자의 위치에서 벗어나 새로운 지식과 콘텐츠를 끊임없이 만드는 창작자, 콘텐츠 크리에이터, 발명가, 사업가, 개척자로 나아가게 하는 것이다.

독서도 마찬가지다. 보통의 독자들은 전자와 같은 독서를 위한 독서를 한다. 누군가가 힘들게 쓴 책을 읽으면서 콘텐츠 소비자, 즉 독자로 머문다. 그러나 도전 기반 학습의 원리를 담은 독서 기술로 독서를 하는 독자들은 다르다. 그들은 콘텐츠 소비자인 독자 위치에서 과감하게 벗어나 창작자로 나아간다. 창작자에는 발명가도 있고, 작가도 있다. 사업가, 개척자, 콘텐츠 크리에이터 등도 모두 같은 맥락이다.

책을 많이 읽는 것만이 목적이 되어서는 안 된다. 많이 읽으려는 이유가 남에게 잘난 척하고, 많이 읽었다는 것을 과시하기 위해서라면, 그런 독서는 안 한 것만 못하다. 이런 독서는 아무리 많이 해도 인생이 달라지지 않을 뿐만 아니라 자신의 성장과 발전에도 아무런 도움이 되지 않을 것이 불 보듯 뻔하다.

독서의 진정한 가치는 독서 그 자체보다 독서를 통해 우리가 얼마나 인생을 바꾸고 향상시키느냐에 달려 있다. 그런 점에서 도전 기반 독서는 훨씬 더 가치가 높다.

인생은 독서를 '얼마나' 했느냐에 따라 달라지지 않는다. 인생은 독서를 얼마나 '제대로' 했느냐에 따라 달라진다. 어떤 독서 기술로 어떻게 독서를 하느냐가 매우 중요하다. 많이 읽는 것이 중요한 게 아니다. 책을 읽은 뒤 아무것도 남지 않는 사람보다는 어떤 지식이라도 남는 사람이 더 낫고, 어떤 지식보다는 어떤 발견이나 창작을 하는 사람이 더 낫다.

이 모든 것보다 더 나은 것은 어떤 도전 과제를 발견하는 것이다. 인생을 바꾸는 도전도 좋고, 세상과 인류 문명을 바꾸는 도전이면 더 좋다. 이 책에서 소개한 독서 천재들처럼 말이다.

플랫폼은 확장한다:
멧커프의 법칙과 블록 성장

쓰리컴3Com의 창립자이자 이더넷Ethernet의 창립자인 로버트 멧커프Robert Metcalfe는 "전화망의 가치가 가입자 수의 증가에 따라 비선형적으로 증가하게 된다"고 강조한 바 있다. 전화라는 것을 처음 만들었을 때, 지구상에서 누가 가장 먼저 전화를 구매했을까?

생각해보자. 어떤 사람이 인류 최초로 전화를 구매했다. 그런데 그는 그 전화를 실제로 사용할 수 없다. 지구상에 전화를 사용하는 사용자가 자기 혼자뿐이기 때문이다. 결국 자신이 구매한 전화기의 가치는 0이었다.

시쳇말로 최초의 전화기를 판 사람은 역사상 가장 위대한 세일즈맨인 것이 분명하지 않은가? 어쨌든 전화 사용자가 단 한 명일 때는 전화의 가치가 0이었고, 전화를 걸 수가 없었다. 그러나 사람들이 전화기를 더 구매할수록 전화기의 가치는 늘어난다.

세상에 전화기가 딱 한 대였다가 한 대 더 늘어나면 비로소 하나의 연결이 가능하다. 즉 가치가 1이 된다. 그러나 전화기가 4대 늘어나면 가치도 4가 되는 것이 아니라 6이 된다. 6개의 연결이 가능하기 때문이다. 전화기가 12대가 되면 가치는 66이 되고, 100대가 되면 가능한 연결 수는 4,950개가 된다.

이것이 멧커프의 법칙이고 블록 성장convex growth이라고 부른다. 이러한 성장 패턴을 보이는 기업들이 플랫폼을 구축한 애플이나 구글, 페이스북, 우버와 같은 회사들이다.

이들 회사는 양면 네트워크 효과가 발휘되고 있기 때문에 역사상 유례가 없는 성장을 하고 있다. 멧커프의 전화기도 이런 양면 네트워크 효과를 지닌다. 기존의 가입자는 그저 소비자가 아니라 더 많은 가입자를 끌어들이는 촉진제 효과를 가져온다. 우버에서도 탑승객이 더 많은 운전자를 끌어들이고, 운전자는 또 다시 더 많은 탑승객을 끌어들인다. 서로 영향을 주면서 플랫폼은 점점 더 성장하고 거대해지는 것이다.

플랫폼 독서법은 바로 이러한 양면 네트워크 효과가 나타나는 유일한 독서 기술이다. 읽고 지식만 습득했던 독서 경험은 더 이상의 독서를 촉진하지 않는다. 그러나 읽고 연결하여 구축해놓은 지식과 아이디어의 플랫폼은 더 다양하고 많은 독서를 유발하고, 더 많은 책은 또 우리가 연결하고 구축해놓은 플랫폼을 끌어들인다. 이런 상호 작용을 통해 새로운 지식과 아이디어가 끊임없이 창출된다고 볼 수 있다.

후발 주자였던 구글과 페이스북이 어떻게 세계 최고의 기업이 될 수 있었을까?

과거에는 구글보다 야후의 인기가 더 좋았다. 구글은 야후보다 4년이나 늦게 시작한 후발 주자였다. 그런데 어떻게 해서 야후를 제치고 세계 최고의 인터넷 포털이 되었을까?

2000년대 초 인터넷 사용자의 증가와 웹페이지 생산자의 기하급수적인 증가로 야후의 검색 및 확장성이 떨어졌고, 그 원인은 야후 직원들이 직접 계층 구조의 데이터베이스를 편집하는 일반적인 방식을 선택했기 때문이었다. 웹페이지 개발자가 야후에 웹페이지를 제출하면 몇 날 몇 주를 기다려야 할 정도였다.

그러나 구글은 달랐다. 구글은 고민을 했고, 남다른 방법을 찾았다. 어떤 웹페이지가 다른 웹페이지와 어떻게 연결되어 있는지를 살피고, 더 많은 사용자를 끌어들이기 위해 중요도가 더 높은 웹페이지에서 거는 링크가 많을수록 검색 결과에서 최우선 순위에 놓이게 했다.

이런 독특한 알고리즘은 네트워크의 사용자인 양쪽을 모두 만족시켜주었다. 사람인 직원보다 확장성이 더 뛰어난 차별화된 알고리즘을 사용했던 것이다. 결과적으로 구글은 광고주와 광고 소비자를 매개로 잘 구축된 훌륭한 플랫폼을 구축할 수 있었다. 구글만큼 매개형 플랫폼을 잘 구축한 기업은 없었다.

구글의 창업자인 래리 페이지와 세르게이 브린^{Sergey Brin}에게는 플랫폼 구축에 결정적으로 필요한 알고리즘인 페이지랭크^{pagerank}라는 기술이 있었다. 뿐만 아니라 구글은 최고의 플랫폼 기업이 되기 위해 안드로이드와 유튜브도 인수했다. 피카사^{Picasa}, 업스타틀^{Upstartle}, 앱젯^{AppJet}, 닥버스^{DocVerse} 등을 차례로 인수하며 거대한 플랫폼 구축을 멈추지 않고 있다.

구글의 성공 비결은 거대한 네트워크 효과를 누릴 수 있는 최고의 플랫폼 구축 덕분이다. 구글은 양방향 모두 자유롭고 빠른 진입이 가능한 플랫폼 기업으로 도약할 수 있었고, 결국 승자가 되었다. 편리한 진입과 거대한 플랫폼 연결성은 사용자가 플랫폼에 자유롭고 쉽고 빠르게 들어와 새로운 가치를 창출하는 활동에 참

여하게 해주었고, 이는 구글이 빠르게 성장할 수 있도록 한 핵심 요인이 되었다.

후발 주자라는 점에서 구글과 공통점을 가졌던 페이스북은 어떻게 세계 최고의 SNS 기업이 될 수 있었을까?

잠시 생각해보자. 사실 우리나라에는 페이스북을 뛰어넘을 가능성도 가졌던 싸이월드가 있었고, 미국에는 마이스페이스MySpace가 있었다. 이 두 기업 모두 지금은 망했지만, 그들의 전성기 때는 대단한 인기와 영향력을 가지고 있었다.

그러나 싸이월드와 마이스페이스는 사용자들의 불만에 늦장 대응을 하며, 시대의 변화에도 한발 늦게 대처했다. 너무 잘되고 있었기 때문에 시대의 변화와 요구, 사용자들의 불만에 눈 하나 깜짝하지 않았던 것이다. 사용자와 개발자 사이에 네트워크는 전혀 이루어지지 않았다.

반면 페이스북은 끊임없이 네트워크 연결과 플랫폼 구축을 위해 노력했다. 심지어 외부 개발자들에게도 마음껏 페이스북 기반의 소셜 애플리케이션을 개발할 수 있는 플랫폼을 제공해주어, 복합형 플랫폼 구축을 가능하게 했다.

또 사용자들 개인의 일상, 사회적 관계, 관심사 등 개인의 삶에서 발생하는 모든 요소를 가볍게 생각하지 않고, 모든 요소를 관리하고 데이터화해서 그것을 활용하는 거대한 플랫폼을 구축하기 위해 사람들이 관심을 가질 수 있는 모든 대상을 소셜 오브젝트로서 준비했다.

페이스북은 또한 정기적인 포럼을 통해, 사용자의 편의에 맞춘 기술을 계속해서 공개하여 복합형 소셜 플랫폼을 구축하는 것을 멈추지 않았다. 더 거대한 플랫폼과 커넥토 혁명을 이루기 위해 인스타그램, 왓츠앱Whatsapp, 오큘러스 VROculus VR 등을 인수한 결과, 페이스북은 유사 이래로 최고의 플랫폼과 네트워크를 구축한 기업이 되었다.

멈추지 않고 성공하는 기업들은 절대로 어제의 성공에 자만하거나 안주하지 않고 끊임없이 자신을 혁신하고 연결하고 플랫폼을 구축한다는 특징이 있다. 사람도 마찬가지다. 제자리에 안주하지 않고 성장하기 위해서는 끊임없이 혁신하고 연결하고 플랫폼을 구축해야 한다. 그러기 위해 필요한 것이 바로 플랫폼 독서다.

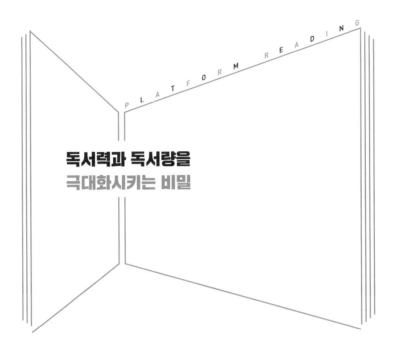

독서력과 독서량을
극대화시키는 비밀

독서력과 독서량을 극대화하는 것은 바로 구글과 페이스북의 성
공 요인이었던, 끊임없는 플랫폼의 구축과 확장이다. 인공지능 시
대에 걸맞은 독서 기술이 필요하다. 정보 과잉의 시대, 너무 많은
정보가 하루에도 수없이 쏟아져 나온다.

어제의 지식을 그대로 수용하는 독서 기술은 더 이상 효용가치
가 없다. 시대와 환경이 모두 어제와 다르기 때문이다. 어제까지

는 지식 습득만으로도 남들보다 앞서갈 수 있었다. 그러나 오늘날은 절대 안 된다. 이제는 독서력과 독서량이 급상승하지 않으면 책의 바다에 매몰당하고, 익사할지도 모른다.

구글과 페이스북은 멈추지 않고 플랫폼을 확장했고, 구축시켜 나갔다. 그 결과 구글은 자유롭고 빠른 진입이 가능해 광고주와 소비자들 사이의 상호 작용에 의한 네트워크 효과로 블록 성장을 했으며 위대한 성공의 길로 나아갈 수 있었다.

독서법에 적용해보면 많은 양의 다양한 지식과 아이디어가 빠르고 자유롭게 플랫폼에 흘러 들어와 상호 작용을 통해 시너지 효과를 창출할수록 더 많은 양의 독서를 순식간에 할 수 있다. 그리고 그것은 독서력의 극대화를 의미한다.

연결성을 극대화하면 100권을 읽어도 1,000권 읽은 사람의 효과를 뛰어넘을 수 있을 뿐 아니라 상호 작용에 의해 또 다른 100권을 훨씬 더 빨리, 더 다양하게 읽어낼 수 있다.

아쉬운 점은 한 권을 읽어서는 100권을 읽은 것처럼 할 수 없다는 점이다. 단 한 권으로는 아무것도 연결하거나 플랫폼을 구축할 수 없기 때문이다. 마치 전화 가입자가 세상에 자신 한 명뿐이어서 전화기가 무용지물인 것처럼 말이다.

그러나 10권이나 100권의 경우에는 다르다. 10권 읽어서 20권을 읽은 것처럼 효과를 극대화할 수 있고, 100권 읽어서 1,000권을 읽은 것처럼 할 수 있다. 하나의 주제에 대해서 100권의 책을 읽고 플랫폼을 구축한 사람은 구축된 플랫폼 덕분에 마치 진공청소기가 순식간에 먼지를 빨아들이는 것처럼 많은 책을 단시간에 독파할 수 있는 독서 능력자로 변신하게 된다.

이것은 순전히 플랫폼 구축 효과 때문이다. 거미가 거미줄을 쳐놓는 것처럼, 손으로 물고기를 잡는 것이 아니라 큰 그물을 이용해서 수십 마리의 물고기를 한번에 잡아 올리는 이치와 같다.

6장에서 다시 설명하겠지만 독서력과 독서량을 순식간에 극대화하는 비밀은 플랫폼 구축에 있다.

플랫폼 리딩은 독서의 베이스캠프를 에베레스트 6,000미터에 구축하는 독서 기술이다. 해결해야 할 문제 혹은 알고 싶은 주제를 정한 뒤 그것과 관련된 책이나 내용만을 집중적으로 연속해서 혹은 동시에 읽는다. 파악한 내용을 기록해 그것들을 연결하고 공유하고 융합하여 하나의 플랫폼으로 구축하고 나면, 그 다음부터는 어마어마한 일이 벌어진다. 그 문제나 주제와 관련한 책을 읽을 때, 마치 베이스캠프를 3,000미터에서 6,000미터로 훌쩍 이동해 구축한 것처럼 독서력과 독서량이 급상승함을 온몸으로 느낄수 있을 것이다.

창조를 넘어 구축으로:
플랫폼 리딩이 기준이다

세상의 모든 것은 서서히 변화하고 성장한다. 그러나 퀀텀처럼 급상승하는 것이 존재하는 것도 사실이다. 하루아침에 독서 능력이 10배 이상 상승한다면 믿을 수 있을까? 그러나 독서 기술을 바꾸면, 독서의 접근법을 바꾸면, 충분히 가능하다. 이는 믿을 수 있는 이야기다.

독서 기술을 바꾸면 된다. 거미처럼 말이다. 거미는 힘들게 뛰어다니면서 벌레를 하나씩 잡지 않는다. 거미는 가만히 앉아서 기다린다. 그러나 거미에게 거미줄이 없다면 불가능한 일일 것이다.

거미는 거미줄을 치기만 하면 힘들게 뛰어다니면서 벌레를 잡을 필요가 없다. 거미줄만 있으면 한번에 여러 마리의 벌레를 잡을 수 있고 잠을 자는 밤에도 벌레가 알아서 잡힌다.

플랫폼 리딩은 어쩌면 거미줄과 같은 원리라고 할 수 있다. 이 독서 기술로 일단 플랫폼이라는 거미줄을 치기만 하면, 그 후부터는 독서력이 급상승할 수밖에 없다.

마쓰오카 세이고松岡正剛는 《지의 편집공학知の編集工學》에서 창조적 책 읽기를 언급한 적이 있다. 김정운 교수는 '에디톨로지editology'라는 말을 우리에게 소개했다. 물론 이전에도 이 말을 사용했던 사람들이 있었다.

에디톨로지는 단순한 지식 습득을 위한 독서에서 벗어나 지식을 수집하고 선별하고 배치하고 가치를 부여하여 새로운 것을 창조하는 독서에 가깝다. 그러나 에디톨로지는 읽은 만큼만 창조물을 만든다고 할 수 있고, 한 번 읽으면서 한두 가지 창조물을 만드는 데 그친다.

가령 기차나 버스를 하나 만드는 것이 에디톨로지라면, 플랫폼 리딩은 기차나 버스를 공장에서 자동적으로 다량 생산하는 것이다. 나아가서는 궁극적으로 수많은 기차나 버스가 들어오고 나갈 수 있는 기차역이나 버스터미널을 만드는 것이라고 설명할 수 있다. 이렇게 일단 플랫폼이 구축되고 나면 수많은 책이 쉽게 들어오고 나갈 수 있게 되는 원리다.

프랑스 인류학자 레비스트로스^{Claude Levi Strauss}는 에디톨로지와 비슷한 성격의 단어인 '브리콜라주^{bricolage}적 지식'이라는 말을 사용하여, 무수한 과잉 정보 속에서 불필요한 것은 버리고, 필요한 것만 연결하여 새로운 지식을 만드는 것이 중요하다고 강조한 바 있다.

브리콜라주는 프랑스어로 '여러 가지 일에 손대기'라는 의미가 있다. 에디톨로지 혹은 브리콜라주적 지식은 기존의 지식을 연결하여 새로운 지식이나 창조물을 만드는 것에 그친다. 그러나 플랫폼 리딩은 많은 지식과 창조물이 더 쉽고 빠르게 만들어지고 공유될 수 있는 공간인 플랫폼을 구축하는 데까지 나가는 독서 기술이다.

요약하면 에디톨로지는 편집의 기술이고, 플랫폼 리딩은 구축의 기술이다.

내가 6년 전 출간한 책 중에《오직 읽기만 하는 바보》라는 책이 있다. 무작정 덮어놓고 마음 가는 대로 책을 읽으면 될 거라고 생각하는 바보의 독서를 버리고, 많이 읽는 것보다 어떻게 읽는지가 더 중요하다는 사실에 대해 일침을 놓은 책이었다.

물론 유희를 위해 독서를 하는 독서가들이라면 얼마든지 마음 가는 대로 읽어도 전혀 잘못된 것이 아니고 바보도 아니다. 그러나 여기서 말하는 대상은 즐기기 위해 독서하는 이들이 아니라, 독서로 인생을 바꾸고 성장하려는 목적을 가지고선 무작정 읽기만 하면 그 목적이 달성되리라고 생각하는 이들이다.

이 책에서 강조한 내용 중 하나는 독서 습관이 중요한 것이 아니라 독서하는 방법이 더 중요하다는 점이었다. 독서량이 인생을 바꾸는 것이 아니라 독서 기술이 인생을 바꾼다는 점을 다시 한번 명심하라.

그러나 보통 독자 중에 80퍼센트 정도는 오직 읽기만 하는 바보 수준에서 벗어나지 못하고 있다. 아무리 많이 읽어도 책 한 권 쓸 수 없고, 인생을 바꾸지 못한다. 책을 읽어서 비즈니스를 시작한다거나, 새로운 콘텐츠를 창작한다거나, 책을 저술하는 것 등은 읽기만 하는 바보 수준에서 벗어나 독서를 활용하고 부리는 수준까지 올라온 것이다. 이런 이들에게 찬사를 보내고 싶다.

아직도 읽기만 하는 수준에서 벗어나지 못하는 이들이 많다. 읽었다면 만들 수 있어야 하고, 쓸 수 있어야 하고, 시작할 수 있어야 한다. 그것이 무엇이든 말이다.

왜 많은 이가 읽기만 하는 수준에서 벗어나지 못할까? 그것은 독서하는 방법이 너무나 1차원적인 수준에 머물러 벗어날 생각도, 목표도, 자극도 없이 살아가기 때문이다.

더 강력하고 효과적인 독서법이 우리 주위에 없는 것은 아니지만, 그다지 관심도 없고 독서법이라는 것에 대해 의존하려고 하지 않기 때문이다. 1970년대와 1980년대를 넘어오면서 한때 속독법이 유행했지만, 그 속독법을 통해 큰 업적을 달성한 이는 나오지 않았다. 실제로 배운 이들이 그 효과나 영향에 대해서 매우 부정적이기 때문에, 어느 순간부터 독서법에 기대도 하지 않는 것이 아닐까라고 생각한다.

이것저것 몇 번 해보다가 포기해서는 안 된다. 정보 과잉의 시대, 많은 사람이 정말로 필요로 하는 것은 많은 양의 글을 제대로 읽는 기술이다. 따라서 좋은 독서법에 대한 필요성은 갈수록 높아질 것이다. 그러므로 플랫폼 리딩을 비롯해서 이 시대에 맞는 효과적이고 혁신적인 독서 기술을 반드시 배워야 한다.

지식을 습득하고 그걸로 만족하는 독서에서 새로운 것을 만들어낼 수 있는 독서로, 또 창조하고 만들어낼 수 있는 독서에서 끊임없이 아이디어가 쏟아지는 빅뱅 같은 플랫폼을 구축하는 독서로 한 단계 한 단계 나아가야 한다.

5장 _____

플랫폼 독서법의
기초가 되는
다양한 독서 기술

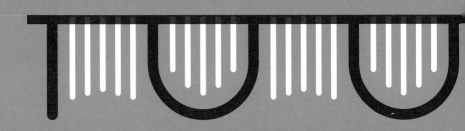

"아무리 유익한 책이라도 그 절반은 독자 자신이 만든다."
— 볼테르Voltaire, 《철학사전 서문Dictionnaire philosophique portatif》

한 시간에 한 권 읽어낸다:
퀀텀 독서법

독서라고 하면 속독, 다독, 정독, 숙독 등이 대표적일 것이다. 그러나 여기에 또 한 가지를 추가하고 싶다. 바로 초독超讀이다.

초독에는 네 가지 의미가 있다. 첫째는 자신의 능력을 뛰어넘어 독서를 한다는 의미다. 둘째는 자신의 기존 독서 속도와 깊이를 뛰어넘어 자유자재로 한 차원 높은 독서를 한다는 의미다. 셋째는 이성뿐만 아니라 의식을 뛰어넘어 무의식 독서를 한다는 의미다.

넷째는 평면적·직렬적·순차적 독서를 뛰어넘어 입체적·병렬적·동시적 독서를 한다는 의미다.

독서 천재들은 이렇게 다양한 방법과 높은 수준으로 독서를 해왔고, 미국 대통령들이 많이 했다는 스피드 리딩도 이런 범주 안에 포함된다.

자신의 능력을 뛰어넘는 독서, 초독을 가능하게 해주는 독서법이 바로 퀀텀 리딩이다. 퀀텀 독서법은 단 3주 만에 독서력을 3~10배 이상 향상시켜주는 다독을 위한 최고의 독서법이며, 실제로 5,000명을 독서 천재로 도약시켜 검증된 실전과 경험 위주의 독서법이다.

공부와 독서는 본질적으로 다르지 않다. 특히 뇌를 사용해야 한다는 점에서 거의 동일하다. 공부나 독서 모두 그 어떤 육체 활동이나 인간의 행위보다도 가장 집중력을 필요로 하는 활동이다.

집중력이 좋은 학생들이 공부나 독서를 잘할 수 있는 것은 당연하다. 운동을 하거나 업무를 볼 때에도 집중력만큼 중요한 것은 없다. 그래서 모든 성공과 성과는 집중력에 달려 있다고 말하는 사람들이 적지 않다.

적성이나 재능보다 집중력이 더 중요하다. 《아웃라이어^{Outliers}》의 저자 말콤 글래드웰^{Malcolm Gladwell}도 "성공은 무서운 집중력과 반복적인 학습의 산물"이라고 단언한 바 있다.

독서를 잘하는 고수들은 항상 신체와 감정, 정신을 시간적으로나 공간적으로도 한순간에 집중하는 능력이 매우 뛰어나다는 것을 알 수 있다. 이렇게 집중될 때 뇌는 가장 최고의 상태가 되고, 초의식의 상태가 되는 것이다.

이때 시간은 멈춘 것 같고, 감각은 더 생생해지며, 생각은 더 명료하고 풍부하고 유연해진다. 바로 이때가 초의식 독서법에서 말하는 의식을 집중한 상태이다.

기존의 속독법이나 일본에서 강조하는 독서법들이 눈의 지각 과정만을 강조하여 시폭 확대 운동이나 안구 운동을 많이 훈련시켰는데, 이것은 독서 활동의 한 면만 보고 그 부분만을 강조한 것이다. 독서는 눈의 지각 과정과 뇌의 인지 과정을 함께 사용한다. 그런데 독서의 본질은 뇌의 인지 과정이라고 말할 수 있을 정도로 전자보다 후자가 훨씬 더 중요하다.

퀀텀 독서법은 정확히 독서 활동의 두 가지 측면을 모두 고려하여 새롭게 개발시킨 독서법이며, 눈의 지각 과정보다는 뇌의 인지 과정, 즉 사고 과정을 좀 더 강조한 독서법이다.

책의 정보가 시각을 통해 뇌에 들어오면 시신경을 지나 뇌의 뒤쪽인 후두엽에 일차적으로 정보가 모인다. 후두엽에 모인 정보는 시상을 통하여 사고하고 판단을 내리는 전두엽으로 전달되고, 그때 전두엽은 정보를 통합하고 분석·판단하여 행동하도록 지시하며, 그 결과 의식이 확장된다.

게임을 하는 사람들의 뇌파를 측정해보면 인간의 사고 과정 중 가장 중요한 전두엽이 전혀 활성화되지 않는다는 사실을 확인할 수 있다. 이것은 TV를 볼 때와 같은 현상이다. 결론은 게임이나 TV는 사람의 사고력을 마비시키는 기계적이고 말초적인 행위라는 것이다. 인간이 주체적으로 생각할 시간도 없이 화면이 계속 바뀌기 때문에 전두엽은 전혀 활동하지 않는다.

반대로 독서를 할 때 전두엽은 가장 왕성하게 활동한다. 독서는 곧 전두엽의 활동인 것이다. 인간에게 만물의 영장이 될 수 있게 해준 것이 바로 전두엽이다. 그런데 바로 독서가 전두엽을 가장 잘 발달시킬 수 있는 최고의 행위라고 생각한다.

내가 만화책을 추천하지 않는 이유도 여기에 있다. 만화는 그림이 있기 때문에 전두엽의 활동을 제한하고, 상상을 대신 해주기 때문에 일반 책을 읽는 것만큼 전두엽이 왕성하게 활동할 수 없게 되는 것이다.

독서를 잘하는 아이들이 공부 성적도 좋고, 집중력도 좋고, 나중에 어른이 되어 업무 능력도 좋은 이유는 바로 뇌와 관련이 있다.

게임을 많이 하거나 TV를 많이 본 아이들은 정보가 전두엽까지 가지 못하고 중간에 멈추는 현상이 반복됨으로써 뇌 회로의 신경망이 손상된다. 뇌의 항상성이 깨진다는 말로 설명할 수 있으며, 이렇게 되면 결과적으로 산만하고 효율성이 낮은 사람이 되어 버리는 것이다.

독서는 눈의 지각 행위와 뇌의 인지 행위 이 두 가지 활동의 결합이라고 할 수 있다. 이 두 가지 중에서 더 중요한 부분은 읽은 책의 내용을 추론하고, 결합하고, 나누고, 창조하고, 사고하는 뇌의 인지 행위다. 그래서 독서의 속도와 이해 향상에 가장 큰 걸림돌은 눈의 속도가 아니라 뇌의 속도다.

눈 훈련을 통해 아무리 빨리 글을 지각할 수 있게 되어도, 뇌에서 그 속도에 맞추어 이해하고 추론하고 사고해내지 못한다면 독서를 했다고 할 수 없다.

즉 독서의 본질은 글자 인식에 있는 것이 아니라 뇌의 사고 작용에 있다. 그래서 독서는 이해decoding가 아니라 사고thinking인 것이다.

우리는 따지고 보면, 보이는 것을 읽는 것이 아니라 뇌로 충분히 사고할 수 있는 것들을 읽고 있을 뿐이다. 그런 점에서 뇌의 사고력이 독서의 본질이며 가장 큰 기능이다.

뇌의 사고력이 못 받쳐주는 사람들의 가장 큰 특징이 바로 안구회귀regression 현상이다. 이는 읽었던 글자를 다시 되돌아가서 읽는 것을 반복하는 독서의 나쁜 습관이다. 독서력이 낮은 사람들은 대부분 읽었던 부분을 또 다시 되돌아가서 읽고 또 읽는 행위를 자신도 모르게 수없이 반복한다. 다시 말해 독서 초보일수록 안구 회귀 현상이 많이 일어난다.

독서의 속도는 생각의 속도다. 생각이 부족한 사람, 사고력이 뒤떨어지는 사람들은 책을 읽어도 무슨 내용인지 이해를 하나도 못한다. 눈으로 글자를 보긴 봤지만, 뇌로 절대 사고할 수 없다.

독서는 눈의 활동이 아니라 뇌의 활동이다. 그런 점에서 눈 훈련을 강조하는 기존의 속독법은 매우 위험하기 그지없는 독서법인 것이다. 속독법도 나름대로 효과가 있고, 책 읽는 속도가 매우 느린 이들에게는 사막의 오아시스와 같은 독서 스킬임에 틀림없다.

최근에 와서 많은 한국인이 속독법에 싫증을 느끼고, 한물간 독서법이라고 치부하는 것 같다. 이는 지극히 주관적인 생각이나 속독법이 일본 사람들에 많이 맞추어져 있기도 하고, 더 근본적인 이유는 눈 훈련, 시야 확대 훈련 등에 너무 큰 비중을 두기 때문이다.

독서는 눈이 아니라 뇌의 활동이다. 독서와 책에 대한 깊은 이해가 필요하다.

우리가 항상 읽는 책에 대해 살펴보자. 글자를 인식할 때 가장 중요한 부분은 글자의 어느 부분일까?

다시 말해 글자를 위아래 둘로 나눴을 때 윗부분과 아랫부분 중 어느 부분이 우리 눈이 글을 읽는 데 더 중요한 역할을 하는 것 일까?

서문의 내용 일부를 가져와 두 가지 그림으로 표시했다. 윗부분 반과 아랫부분 반을 각각 가리고 읽어내려갈 때 어느 쪽이 읽기가 더 수월한지 생각해보라.

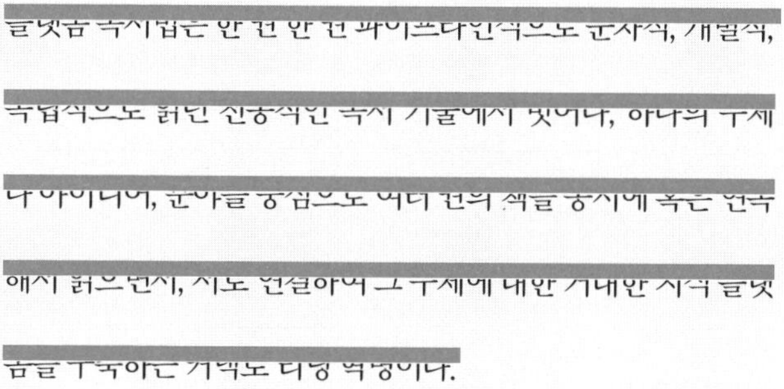

그림 1 글자 윗부분을 가렸을 때

프래폼 도서법을 한 권 한 권 파이프라인식으로 순차적 개별적

독립적으로 읽던 전통적인 독서 기술에서 벗어나, 하나의 주제

나 아이디어 분야를 중심으로 여러 권의 책을 동시에 혹은 연속

해서 읽으면서 서로 연결하여 그 주제에 대한 거대한 지식 프래

폼을 구축하는 커넥트 리딩 혁명이다.

그림 2 글자 아랫부분을 가렸을 때

자, 어떤 쪽이 읽기가 편하고 잘 이해되는가? 아마도 대부분 사람들은 글자의 윗부분(그림 2)을 볼 때라고 대답할 것이다. 이를 통해 우리가 기억해야 할 사실은 글자를 전부 읽는 것은 불필요한 일이며 비경제적인 행동이라는 점이다.

충분히 윗부분만 읽어도 해독이 된다면 왜 전체를 다 읽으면서 우리의 자원을 낭비해야 하는 것인가? 독서법은 이런 원리에서 시작되어야 한다.

여러 줄을 한 번에 읽을 수 있는 독서 고수들은 본능적으로, 아

니면 훈련을 통해 가장 경제적인 방법으로 책을 읽을 수 있게 된 사람들이다.

한번에 두세 줄 혹은 서너 줄 이상을 보면서 책을 읽는 사람들은 자기 나름 가장 경제적인 방법으로 책을 읽는 법을 발견해낸 사람들인 것이다.

> 인류는 책을 읽도록 태어나지 않았으며, 독서는 뇌가 새로운 것을 배워 스스로 재편성하는 과정에서 탄생한 인류의 기적적인 발명이다.

《책 읽는 뇌^{Proust and the squid}》의 저자 메리언 울프^{Maryanne Wolf}의 말이다. 그렇다. 인간은 책을 읽도록 만들어진 존재가 아니다. 책은 인간이 만든 발명품이다. 그런데 인간이 만든 책이 인간의 뇌를 만든다. 독서의 비밀 중에 하나인 이 놀라운 사실을 제대로 아는 사람들은 많지 않다.

케임브리지대학교에서 독서와 인간에 대한 재미있는 연구를 한 적이 있다. 아래 문장을 먼저 읽어보라.

케임브리지대학교의 연결구과에 따르면,

한 단어 안에서 글자가 어떤 순서로 배되열어 있는가 하것는은

중하요지 않고

첫째번과 마지막 글자가 올바른 위치에 있것는이 중하요다고 한다.

나머지 글들자은 완전히 엉진창망의 순서로 되어 있지을라도

당신은 아무 문없제이 이것을 읽을 수 있다.

왜하냐면 인간의 두뇌는 모든 글자를 하나하나 읽것는이 아니라

단어 하나를 전체로 인하식기 때이문다.

자! 어떤가? 충분히 정상적으로 내용을 이해하면서 읽을 수 있다. 인간이 독서를 할 때, 글자 하나하나를 읽는 것이 얼마나 큰 낭비이며, 불필요한 행위인지를 이 연구 사례는 잘 말해주고 있다.

사실 우리는 글자를 하나하나 읽는 것이 아니다. 단어 하나를 전체로 인식하며 읽고 있다. 그런데 여기서 조금만 더 훈련을 하면, 한 줄 혹은 여러 줄을 전체로 인식하며 책을 읽을 수 있다. 그것이 바로 퀀텀 독서법에서 추구하는 것이다.

퀀텀 리딩은 한마디로 하면, 브레인 하이퍼스페이스 리딩^{brain} hyperspace reading이다. 즉 뇌를 순간적으로 초공간 상태^{hyperspace}로 만들어, 한 번에 여러 줄을 읽는 등 기존 독서 속도보다 훨씬 더 빨리 책을 읽게 해주는 독서법이다.

우리는 모두 평면적 사고 상태에서 독서를 한다. 그래서 독서 속도와 몰입도가 매우 낮다. 그런데 입체적 사고 상태, 즉 초공간 상태로 뇌를 바꾼 후에 독서를 하게 되면, 이전에는 상상도 하지 못했던 놀라운 능력을 발휘하면서 독서를 할 수 있게 된다.

영화 〈리미트리스^{Limitless}〉의 주인공 에디 모라는 마감 날짜가 다가오지만 한 글자도 쓰지 못하는 무능력한 작가다. 애인에게도 버림 받으며 찌질한 하루하루를 보내는 인생의 낙오자다. 그런데 어느 날 그는 뇌의 기능을 100퍼센트 가동시킬 수 있는 신약을 손에 넣는다. 그 약을 먹고 그는 책 한 권도 눈 깜짝할 사이에 써 버리고, 무한 체력을 갖게 되고, 무엇보다 독서를 엄청 빨리 하는 능력을 갖게 된다.

퀀텀 리딩은 바로 이 영화에 나오는 신약처럼, 뇌의 잠자고 있던 능력을 아주 약간 활성화시키는 독서법이다.

퀀텀 점프^{quantum jump}라는 말은 원래 물리학 용어다. 양자역학의 근간을 마련한 독일 물리학자 막스 플랑크^{Max Planck}가 주창한 이론이다. 양자가 어떤 단계에서 다음 단계로 갈 때 어느 순간에 급격하게 계단을 뛰어오르듯이 다음 단계로 올라가는 현상을 말한다. 퀀텀 점프는 어떤 일이 연속적으로 조금씩 발전하거나 변하는 모습과는 달리 단번에 비약적인 발전 혹은 도약을 하는 것을 의미한다.

양자가 에너지를 흡수해 다른 상태로 변화할 때 일정 수준에서 급속도로 변하는데 양자가 에너지를 흡수한 상태는 '들뜬 상태', 에너지를 방출한 상태는 '바닥 상태'라고 한다.

퀀텀 독서는 양자가 에너지를 흡수하여 들뜬 상태로 독서를 하는 것을 의미하고, 일반 독서는 바닥 상태로 시간이 많이 걸리고 힘든 독서를 말한다. 지치고 힘든 독서가 일반 독서라고 하면, 퀀텀 리딩은 책 한 권 읽는 것이 쉽고 재미있다. 들뜬 상태로 읽으며 시간과 노력이 매우 적게 들기 때문이다.

퀀텀 리딩의 가장 큰 차이는 눈에 의지하는 것을 최대한 줄이고, 뇌에 의지한다는 것이다. 무엇보다 다중 감각적 독서, 입체적 독서를 강조한다.

기존의 독서는 평면적 · 순차적 독서로 얕은 이해, 즉 의식적 이해, 표면적 이해 위주였다면, 퀀텀 리딩은 무의식적 독서이고, 입체적 · 동시적 · 내면적 이해이다.

퀀텀 리딩은 뇌의 사고 구조를 바꾸어 평면적 사고에서 입체적

	의식적 독서	무의식적 독서
기반	눈	뇌
주된 활동	이해	사고
사고 형태	평면적	입체적
독서 스타일	순차적	동시적
이해 형태	표면적	내면적
독서 두께	얕은 독서	두꺼운 독서

사고를 하게 만드는 독서법이다.

우리는 보이는 것을 읽는 것이 아니라 생각하는 것을 읽고 있다.

이 사실은 매우 중요하다. 우리가 생각하는 것이 많다면, 한번에 읽는 양도 많아질 수 있다. 독서에 대한 패러다임을 바꾸는 것이 독서 혁명이다.

독서의 본질은 글자 해독이 아니다. 뇌의 고차원적인 사고 작용, 즉 생각하기다. 그래서 독서는 디코딩이 아니라 씽킹이다. 시폭 확대 운동과 같은 눈 운동이 아니라 뇌 강화 훈련 같은 뇌 운동에 집중하라.

독서는 생각하기이고 눈이 아니라 뇌로 하는 것이다.

읽은 책을 내 글과 아이디어로 만든다:
초서 독서법

내 글과 아이디어로 한 권의 책을 만드는 저술 독서법인 초서 독서법은 단순하지 않다. 오히려 복잡하고 난해한 독서법이다. 흔히 사람들은 초서 독서법이 단순히 책의 내용을 기록하는 독서법이라고 심각하게 오해한다. 그러나 초서는 그런 독서법이 아니다. 초서는 굉장히 무겁고 복잡하며 어려운 독서법이다.

  초서 독서법은 읽고, 이해하고, 중요한 내용을 기록하는 기록 독서법이 아니다. 그것은 방법의 일부에 불과하다. 그런 단순한 독서법으로 많은 사람이 오해하는 것이 정말 안타깝다.

초서 독서법은 내가 삶에 적용한 독서법 중에서 가장 좋은 독서법이다. 아니 그 이상이다. 어제의 책을 읽고 내일의 미래를 만들고 새로운 생각과 아이디어를 창조하는 독서법이기에, 법고창신法古創新의 독서법이라고도 할 수 있다.

초서 독서법은 '다섯 가지 단계를 갖추고 있는 매우 신중하게 계획된 심층 독서 훈련법'이다. 그 5단계는 무엇일까? 입지 → 해독 → 판단 → 초서 → 의식이다.

초서 독서법의 5단계를 간단히 설명하면 이렇다.

먼저 '입지' 단계다. 입지 단계는 독서를 하기 전의 독서 전 단계다. 다산 선생은 다음과 같이 주장했다.

1. 입지立志: 주관 의견

2. 해독解讀: 읽고 이해

3. 판단判斷: 취사선택

4. 초서鈔書: 적고 기록

5. 의식意識: 의식 확장

"독서를 하려면 반드시 먼저 근본을 확립해야 한다."

독서를 하기 전에 사전 준비 단계가 필요하다고 그는 말한다. 실제로 독서를 무작정하는 것보다 사전에 프리뷰를 하게 되면 독서 이해와 속도에 모두 도움이 된다.

준비 단계로 프리뷰를 하며 자신의 주관과 의견을 살피고 자신의 근본을 확립하는 단계가 바로 첫 번째 단계이고, 나는 이것을 간단하게 입지 단계라고 한다.

다음으로 두 번째 단계는 '해독' 단계다. 책의 내용을 읽고 이해하면서 뜻과 의미를 찾는 단계다. 다산 선생이 강조한 독서는 담벼락을 보는 것과 같은 허투루 하는 독서가 아니다. 한 단계 한 단계 심혈을 기울이면서 하는 독서가 우리가 추구해야 하는 독서다. 보통 우리가 독서라고 하는 이 단계를 나는 해독 단계라고 말한다.

> 독서는 뜻을 찾아야 한다. 만약 뜻을 찾지 못하고 이해하지 못했다면 비록 하루에 천 권의 책을 읽는다고 해도 그것은 담벼락을 보는 것과 같다.
>
> 정약용, 〈시경강의서詩經講義序〉

세 번째 단계는 생각하는 단계다. 이것을 판단하는 단계, 즉 '판단' 단계라고 부른다. 이 단계에서는 읽은 내용을 수동적으로 수용하는 것이 아니라 능동적으로 따지고 헤아리고 비판하고 저울질한다.

널리 고찰하고 자세히 살펴 의미를 찾아내고, 그것으로 그치거나 만족하는 것이 아니라, 한 발 더 나아가 반드시 자신의 뜻과 비교해본 판단을 기준으로 취할 것은 취하고 버릴 것은 버리는 취사선택을 하는 단계다.

> 내가 몇 년 전부터 독서에 대해 자못 깨달은 바가 있는데 헛되이 마구잡이로 읽으면 하루에 백 권, 천 권을 읽어도 오히려 읽지 않음과 같다. 모름지기 독서란 한 글자라도 뜻을 이해하지 못하는 곳을 만나면 널리 고찰하고 자세히 살펴 그 근원을 찾아내야만 한다.
>
> 정약용, 〈둘째에게 부침寄游兒〉

> 초서의 방법은 먼저 자신의 생각을 정리한 후 그 생각을 기준으로 취할 것은 취하고 버릴 것은 버려야 취사선택이 가능하게 된다.
>
> 정약용, 〈두 아들에게 답함〉

자신의 생각을 기준으로 취할 것은 취하고 버릴 것은 버리는 단계가 바로 세 번째 단계다. 이 단계에서 독자들은 많은 것들을 생각하고, 사고하게 된다. 읽기만 하고 생각하지 않으면 위험하고, 생각만 하고 읽지 않아도 문제가 있다.

초서 독서법을 자세히 살펴보면 놀라운 것이 한두 가지가 아니다. 나도 초서 독서법이라는 한 가지 독서법 안에 읽기와 쓰기, 생각하기, 인출하기, 정교화하기, 메타인지하기 등 총 여섯 가지 심층 학습 과정이 담겨 있다는 사실을 뒤늦게 발견하고 굉장히 놀라워한 적이 있다.

초서 독서법으로 인생이 바뀐 사람조차도 8년이 지나고 나서야 겨우 깨닫게 된 초서 독서법의 놀라운 원리는 상상 그 이상이었다.

네 번째 단계는 쓰기 단계다. 물론 책을 읽으면서 좋은 내용이나 큰 교훈이 되는 내용, 핵심 내용, 기록이 필요한 부분 등을 쓰는 것도 가능하다. 그러나 그런 쓰기는 진정한 초서가 아니다. 읽기와 생각하기가 끝난 후 드디어 손을 사용하여 적고 기록하는 네 번째 초서 단계가 시작된다.

쓰고 기록하는 것이 왜 중요할까? 초서하지 않으면 기억에 남지 않기 때문이 아니다. 물론 그런 기능도 있지만 더 중요한 이유가 따로 있다.

초서를 하면 내용이 뇌에 각인된다. 즉 초서를 해야 뇌가 더 활성화되고 뇌가 움직인다.

이 초서 단계에서는 선택한 문장과 자신의 견해를 노트에 기록한다. 손을 사용하는 단계가 가장 중요하고, 가장 의미가 깊은 단계임을 잊어서는 안 된다.

초서 독서법이 단순하게 기록하는 독서법이 아닌 이유는 반드시 깊게 사고하면서 취사선택하는 사고 과정이 3단계에 있고, 4단계에서 그것을 모두 손으로 기록하는 쓰기 과정도 포함되어 있기 때문이다. 여기서 그치는 것이 아니다. 더 중요한 5단계가 있다.

> 어느 정도 자신의 견해가 성립된 후 선택하고 싶은 문장과 견해는 뽑아서 따로 필기해 간추려놓아야 한다. 그런 식으로 책 한 권을 읽더라도 자신의 공부에 도움이 되는 것은 뽑아서 적어 보관하고, 그렇지 않은 것은 재빨리 넘어가야 한다. 이렇게 독서하면 백 권이라도 열흘이면 다 읽을 수 있고, 자신의 것으로 삼을 수 있다.
>
> 정약용, 〈두 아들에게 답함〉

기록하고 쓰는 초서 단계로 끝나는 것이 아니다. 가장 중요한 마지막 단계로 넘어가야 비로소 초서 독서법이 완성된다.

마지막 다섯 번째 단계는 지금껏 생각하고 썼던 모든 것을 통합하여 새로운 자기만의 견해, 의식, 지식을 창조하고 만드는 것이다. 이것을 나는 '의식' 확장 단계라고 명명했다. 이 의식 확장 단계에서 강조하는 기법은 자신의 생각에 대한 생각, 즉 메타인지 재학습 과정이다.

이 단계는 기존의 그 어떤 독서법에도 없는 과정이다. 기존의 독서법과 학습법까지도 훌쩍 뛰어넘는 차원이 다른 심층 이해 과정이며, 더불어 현대 교육학에서 강조하는 메타인지 학습법이 포함된 심화 인지 과정이다.

책의 내용만을 수동적으로 이해하는 과정에서 벗어나 책의 내용과 자신의 견해를 저울질하는 판단 단계와 그 과정의 모든 내용을 기록하는 초서 단계를 다 거친 후에 비로소 자신의 지식에 대해서, 자신의 견해에 대해 생각하는 메타인지 심층 학습 과정이 바로 의식 확장 단계다.

이 과정을 통해 독자들은 책의 내용만이 아니라 자신의 근원과 뜻을 찾아내는 과정을 반복하고, 독서의 범위를 확장하여 심층 학습을 하는 것이다. 무엇보다 이 단계를 통해 독자들은 책의 내용을 자신만의 글과 자신만의 아이디어로 뽑아 적는다. 그래서 초서 독서법의 또 다른 이름이 저술 독서법이다.

한 권의 책을 자신만의 글과 아이디어로 재탄생시키는 저술 독서법인 초서 독서법에는 놀라운 비밀이 있다.

첫째, 메타인지 학습법이 포함되어 있다. 현대 교육학에서 강조하는 메타인지 학습법이 1단계와 5단계에 이미 포함되어 있다. 그래서 책의 내용을 더 심층적으로 이해할 수 있을 뿐만 아니라 한 권을 읽어도 엄청난 독서 효과가 있는 것이다.

둘째, 뇌 과학에서 강조하는 장기 기억 강화에 최고인 인출 작업과 정교화 작업이 포함되어 있다. 공부한 내용이나 책 내용을 기억하기 위해서는 그것들이 장기기억이 되어야 한다. 그런데 뇌가 장기 기억을 하는 가장 좋은 조건과 방법이 인출 작업과 정교화 작업이다. 어떤 독서법에도 포함된 적 없는 인출 작업과 정교화 작업이 초서 독서법에는 다 있다.

셋째, 뇌 과학에서 중요하게 여기는 손을 사용하는 독서법이다. 책을 읽고 노트에 자신의 견해나 소신, 내용 등을 기록하면 기억에 도움이 될 뿐만 아니라 뇌에 각인되고 뇌가 활성화된다. 또한 뇌 회로가 재구성되고 바뀐다. 즉 손을 사용하면 뇌가 바뀐다. 초서 독서법은 뇌를 바꾸는 독서법이다.

넷째, 독서 전 단계인 1단계를 도움닫기 삼아 독서할 때 속도뿐 아니라 이해까지 높인다. 입지 단계를 통해 책을 전체적으로, 통합적으로 살펴봄으로써 실제 해독 단계에 많은 도움을 준다. 초서 독서법을 실제로 하면 생각과 달리 하루에 10권의 책도 거뜬히 읽을 수 있게 된다.

　다섯째, 초서 독서법은 독서법의 수준을 뛰어넘어 훌륭한 학습법이기도 하다. 초서 독서법을 자세히 살펴보면, 읽기 안에는 생각하기, 창조하기, 메타인지하기, 쓰기 안에는 인출 작업하기, 정교화 작업하기, 요약 정리하기가 포함되어 있다. 무엇보다 초서 독서법은 자신의 글과 아이디어로 새로운 것을 재창조하기 등이 망라되어 있다. 전공서적을 공부할 때 가장 좋은 독서법이자 학습법인 셈이다.

책이 책을 읽고 링크를 늘리는 다독술:
편집공학 독서법

독서를 '대단한 행위'라든가 '숭고한 작업'이라는 식으로 지나치게 생각하지 않으면 좋겠다고 말하는 편집공학연구소장인 마쓰오카 세이고는 6만 권의 책을 소장하고 있다. 그는 젊은 시절 아마도 1만 권 이상의 다독을 한 것으로 보인다.

그는 독서란 편집적 상호 작용의 하나라고 보았다. 모든 사람이 책을 읽거나 쓰는 이유는 커뮤니케이션을 하기 위해서다. 이 과정에서 그는 저자가 송신자이고 독자는 수신자라고 하는 일반적인 생각에서 벗어나 집필과 독서 모두 쌍방향의 상호 커뮤니케이션으로 보아야 한다고 주장한다.

그의 주장에 전적으로 동감한다. 내가 이 책에서 다루고 있는 플랫폼 리딩의 목적 역시 독자가 일방적인 수신자에 불과했던 기존의 독서 프레임에서 벗어나 창조자이자 송신자가 되게 하는 것이다.

편집공학자인 그는 커뮤니케이션을 위한 정보 편집의 모든 것을 다루는 연구 개발 분야로 편집공학을 규정하고, 사람과 사람, 사람과 미디어 사이의 커뮤니케이션을 주로 다루면서, 커뮤니케이션 과정에서 정보 편집이 어떻게 일어나는가를 연구하는 학문을 만들었다. 형식적인 정보 처리보다는 의미적인 정보 편집 과정을 연구한다고 한다. 사람들의 시각과 관점이 커뮤니케이션을 통해 어떻게 형성하고 변화하는지 살펴보고 전망하는 것을 주된 목적으로 한다는 이야기다.

15세기를 전후하여 인류의 독서 형태는 음독에서 묵독으로 바뀌었고, 그로 인해 마셜 맥루언Marshall Mcluhan이 지적했듯이 '무의식' 또는 '하의식'으로 불리는 영역이 틈새처럼 생겨나 조금씩 영역을 확장해나가는 사건이 발생했다고 한다.

마쓰오카 세이고는 기존 독서의 프레임에서 이미 벗어난 독서를 하고 있었고, 독서란 행위에 대해서도 철학을 확고히 하는 독서 천재였다. 그에게 독서는 '정보나 지식을 기억 구조에 넣어 기억하고 이해하는 것이 아니라, 머릿속의 편집 구조에 넣기 위해서 링크된 세계로 들어가는 입구를 스스로 만들며 링크를 늘리는 편집 행위'이기 때문이다.

편집공학의 독서법은 먼저 분야에 국한하지 않고 다양한 분야의 책을 읽으면서 종횡무진 책의 세계에 뛰어드는 것이다.

두 번째는 책의 내용을 노트하고 매핑하는 일인데, 매핑하는 것과 메모하는 것은 어떻게 다를까? 노트를 여러 권 준비하여, 1만 년 전부터 기원전을 거쳐 현대에 이르기까지 연호를 표기하여 연표를 만든다. 각 연호 사이에는 적당한 분량의 페이지를 비워둔다. 그런 뒤 읽고 있는 책에 연대가 나올 때마다 그 내용을 연대기 노트에 닥치는 대로 옮겨적는다.

연대기 노트에 이어 인용 노트도 만든다. 책을 읽다가 마음에 드는 구절이 나오면 노트에 옮겨적는 것은 웬만한 독자라면 다 하는 일이지만 그는 여기서 그치지 않고, 어떤 항목에 어떤 인용을 매핑하느냐를 생각하고 실천했다.

이런 인용 노트는 처음에는 아무것도 아니지만, 양이 어느 정도 채워지면 어마어마한 시너지 효과를 볼 수 있다. 또 충실한 인용 노트가 완성되면, 그 후부터는 책을 한 권씩 따로따로 읽는 것이 아니라 다양한 책의 문장이나 구절이 별도의 '연결성'을 가지고 있다는 점을 어느 순간 이해하게 되어, 연결 독서의 첫머리가 되어준다.

이런 방법을 썼기 때문에, 그는 '링크를 늘리는 편집적 독서법'이 가능했던 것이다. 그의 기본 독서법인 이것의 핵심은 '링크된 세계'로 들어가는 입구를 스스로 만들어가는 것이라고 한다. 이 과정은 플랫폼 리딩에서 플랫폼을 구축해나가는 원리와 다르지 않다. 물론 그 구체적인 과정에서 플랫폼 리딩이 편집공학 독서법을 뛰어넘는다는 사실은 분명하다.

그는 여러 분야의 책을 읽으면서 '메모', '강조', '내용 분류', '인용 대상' 등 다양한 항목을 별도의 노트에 각각 옮겨놓는다. 그렇게 해나가다 보면 서로 다른 작가의 다른 책의 일부 구절이나 문장이 놀랄 정도로 같은 항목에 속하거나 인접해 있다는 사실을 발견하게 되고 재미를 느낀다고 한다. 그렇게 되면 점점 더 많은 책을 읽고 싶어진다.

그의 편집공학 독서법에서 그가 정한 한 가지 원리는 '책은 세 권씩 연결되어 있다'는 점이다. 서점에서 책을 볼 때도 원하는 책이 한 권 눈에 들어왔다면, 그 좌우로 한 권씩 더 찾아서 세 권을 본다. 이런 식으로 독자들은 자신만의 세 권을 나열할 수 있어야 한다. 이것이 다독술의 시작이다.

책에서 책으로 무한 확장해가는 다독술인 편집공학 독서법은 복합 독서법이기도 하다. 그는 세 가지 독서 기술을 알려준다.

첫 번째는 비슷한 종류의 책을 가능한 한 함께 읽거나 비슷한 시기에 읽는 것이다. 그렇게 하면 훨씬 빠르게 읽을 수 있고, 이해도 잘된다.

두 번째는 책에서 책으로 읽는 것이다. 책과 지식은 원래 처음 만들었을 때 연결되어 있었다. 우리가 읽는 책은 따로따로 다른 사람에 의해 쓰였지만, 그것들은 다양한 관계성을 가지고 연결되어 있다. 연관성이 있는 책을 문어발식으로 확장하면서 읽는데, 이것을 '상호텍스트성'이라 부르기도 한다.

세 번째는 수많은 책과 네트워크해 나갈 가능성을 가진 책을 기본으로 두고 읽어나가는 것이다. 여러 책 중에 빛을 발하는 책을 '열쇠 책', '키key 북'이라고 부르는데, 이런 키 북을 기본으로 해서 읽어나간다.

키 북을 토대로 부드러운 다발이나 부드러운 중층 구조라고 하는 '세미라티스semilattice'를 만들어나갈 수 있다. 세미라티스란 말은 계층적으로 구성되는 수목형 구조가 아니라 다양한 요소가 얽혀 연결되는 그물망 구조를 말한다.

편집공학 독서법과 플랫폼 독서법의 가장 큰 차이는 무엇일까? 편집공학 독서법은 많은 양의 독서를 하기 위한 독서법이라는 수준에 국한된다. 그러나 플랫폼 독서법의 목표는 다독이 아니라, 각 책의 수준을 뛰어넘어 새롭고 놀라운 아이디어를 끊임없이 재창출할 수 있는 지식과 아이디어의 발전소 역할을 하는 지식 플랫폼의 구축에 있다. 편집공학 독서법보다 더 높은 독서 가치와 기능의 초 극대화를 추구하는 수준 높은 독서법이다. 얼핏 비슷한 것 같지만, 추구하는 목표를 비롯하여 그 원리와 과정은 전혀 다르다.

편집공학 독서법 역시 뛰어난 독서법임은 틀림없다. 그러나 편집공학 독서법에는 사고의 기폭제가 될 지식 폭발의 전초 기지인 플랫폼을 구축하거나 책을 뛰어넘어 지식과 아이디어를 융합하는 원리와 비밀이 없다.

다독은 플랫폼 독서법의 여러 부산물 중 하나에 불과하다. 플랫폼 독서법의 최종 목표는 플랫폼 구축을 통한 지식의 빅뱅이며, 독서 효과와 가치, 기능까지 전부 포함한 독서의 종합적인 극대화에 있다.

우리가 분명히 명심해야 하는 것은 독서가 신성하다거나 상당히 특별한 행위라고 여기지 않아야 한다는 것이다. 독서는 우리 자신을 성장시키고, 우리 삶을 더 윤택하게 하고, 궁극적으로 성공한 인생을 살기 위해 활용해야 하는 도구다.

독서는 독자의 역량과 독서 기술에 따라 약이 되기도 하고 독이 되기도 한다. 심지어 독서가 독도 약도 되지 못하는 경우도 적지 않다는 사실을 마쓰오카 세이고는 조언해준다. 독서는 언제나 위험 요소를 동반한다. 그렇기 때문에 더 좋은 독서법을 배우고 익혀야 하는 것이다.

여러 권의 책을 비교하며 읽는다:
신토피컬 독서법

1902년 뉴욕에서 태어난 모티머 애들러는 철학자이자 저술가였고, 컬럼비아대학교와 시카고대학교 교수였다. 그는 대학에서 고전 읽기를 통한 교양 교육을 강조했고, '책 읽는 사람'을 위한 책을 썼는데 그것이 바로 독서법의 고전이 된 《독서의 기술》이다.

그는 명문대생이며 엘리트인 자신의 제자들조차도 책을 제대로 읽지 못한다는 사실을 일찍이 발견했다. 세계 최고의 대학을 다니는 학생들조차도 책을 제대로 읽지 못한다면 평범한 이들은 과연 어느 정도로 책을 못 읽는 것일까?

그는 독자들의 교양을 높여주고, 마음을 풍요롭게 해주기 위해 백과사전과 《서양의 위대한 책Great Books of the Western World》이라는 54권짜리 고전 선집을 펴내기도 했으나 여기서 멈추지 않고 독서를 잘하는 방법에 대한 책을 펴냈다.

그는 훌륭한 독서가가 되고자 하는 사람들을 위해 책 읽는 법에 대한 책을 썼고, 그 책을 통해 지금까지도 통용되고 있는 독서법을 소개했다. 바로 '신토피컬 독서법'이다. 그러나 많은 저자와 독자가 신토피컬 독서법을 제대로 이해하지 못한 채 다른 독자들에게 전달하는 것을 보고 안타까움을 금치 못한 적이 한두 번이 아니다.

모티머 애들러는 "쓰기와 말하기는 적극적인 활동이지만, 읽기나 듣기는 수동적이라고 생각하는 사람이 적지 않다. 그러나 사실은 읽기나 듣기도 적극적으로 정보를 찾아내야 한다"라고 말한다. 그러면서 야구에서 투수가 던지는 공을 받아내기 위해 포수가 적극적으로 집중하고 움직여야 하듯 읽는 이도 이와 같아야 한다고 말한다.

애들러는 독서의 목적에 따라 지식을 위한 독서와 이해를 위한 독서가 있다고 생각했다. 어떤 경우든 독서는 '발견'과 마찬가지이기 때문에 결론은 그 방법을 모르면 잘되지 않는다는 것이다.

그는 독서에는 네 가지 수준이 있다고 말한다. 여기서 수준이라는 말은 '종류'라는 말과 구별하기 위해서 사용한다. 하나의 수준은 다음 수준에 흡수되어 누적되고, 고로 가장 고도의 제4수준의 독서법은 앞의 세 개 수준의 독서법이 모두 포함된다.

최초의 수준은 '초급 독서'다. 이 수준은 초보 독서, 기초 독서, 기본 독서라고 해도 좋다. 초등학교에서 학습하므로, '초급 독서'라고 한다. 이 수준은 읽기와 쓰기를 전혀 못하는 어린이가 초보의 읽기와 쓰기를 습득하기 위한 아주 초보 수준의 독서다. 본격적인 읽기를 준비하는 읽기 준비기라고 할 수 있다.

독서의 제2수준은 '점검 독서'다. 이 수준에서 가장 중요한 키워드는 시간이다. 일정한 시간 안에 목표로 하는 독서를 하면서 내용을 충분히 파악하는 것이 이 독서의 목적이다. 정해진 시간 안에 읽기 위해서는 마음 내키는 대로 겉핥기 식으로 읽는 것이 아니라 계통을 세워서 띄엄띄엄 골라 읽는 기술이 필요하다.

점검 독서를 다른 말로 하면, '조직적인 골라 읽기', '계통을 세워 골라 읽기', '독서 전 예비 독서'라고 할 수 있다. 즉 목차와 개요, 골라 읽기 등을 통해 책의 전체적인 개요를 파악하고 책의 선별에 활용할 수 있는 독서 기술이다.

제2수준의 점검 독서는 '이 책은 어떻게 구성되어 있는가', '이 책은 무엇에 대하여 쓴 것인가', '어떠한 부분으로 나뉠 수 있는가' 하는 문제를 점검하는 것이다.

독서의 제3수준은 '분석 독서'다. 이것은 앞의 1, 2 수준보다 복잡하고 독자에게 상당한 노력을 요구하는 독서법이다. 분석 독서는 한마디로 철저하게 읽는 것이다. 자기계발서나 실용서, 교양도서를 제대로 읽고 자신의 것으로 만들기 위해 필요한 독서 기술이기도 하다. 자기와 맞붙은 책을 완전히 자기 것으로 만들기 위해 철저하게 읽고 잘 씹어서 소화시키는 아주 적극적인 독서다.

분석 독서는 깊이 이해하기 위한 독서이기 때문에 단순한 스토리나 정보를 위한 독서에는 적합하지 않다. 분석 독서를 잘하기 위해서는 3단계의 큰 과정이 필요하고, 그 단계별로 또 몇 가지의 책 읽기 규칙이 필요하다. 먼저 분석 독서의 1단계에는 네 가지 규칙이 필요하다.

1규칙은 어떤 책이든 앞뒤 표지 사이에 숨어 있기 마련인 전체 내용의 골격을 발견해내는 것이며, 2규칙은 그 책을 전반적으로 파악해 어떤 책인지 두세 문장으로 나타내보는 것이다. 3규칙은 책의 핵심 부분을 말하고, 그것이 어떻게 순서 있게 통일성을 지니고 배열되어 전체를 구성하는지를 나타내는 것이며, 4규칙은 저자가 문제 삼고 있는 점이 무엇인지를 발견하는 것이다.

여기까지가 분석 독서의 1단계다. 1단계가 책의 구조를 파악하는 것이 목적이라면, 2단계는 내용을 해석하는 것이 목적이다. 그래서 분석 독서의 5규칙은 중요한 핵심 단어를 찾아내어 그것을 실마리로 삼아 이해를 심화하는 것이다. 6규칙은 저자가 전달하고 싶어 하는 명제를 발견하는 것이다. 7규칙은 논증, 즉 결론을 끌어내기 위한 근거나 이유를 보여주는 일련의 문장을 다루는 것이다. 먼저 논증을 서술하고 있는 주요 단락을 찾아내야 하는데, 그러한 단락을 발견할 수 없을 때는 이곳저곳의 단락에서 논증을 구성하는 명제가 포함된 문장들을 모아 퍼즐 하듯 맞춰야 한다. 8규칙은 저자가 해결한 문제는 무엇이며, 해결하지 않은 문제는 무엇인지 판별하고 검토하는 일이다.

분석 독서의 1단계가 개략(구조)을 파악하는 것이고, 2단계가 해석하기 위한 것이라면, 분석 독서의 3단계는 비평을 위한 단계다. 9규칙은 저자가 주장하고 싶은 내용에 대해 완전히 이해하기까지 판단을 보류하는 것이다. 책의 내용을 완벽히 이해하여야만 비로소 독자는 비평할 권리를 얻을 수 있고, 그것이 가능하기 때문이다. 물론 그것은 또한 독자의 의무이기도 하다. 우선 책에 대한 정확한 이해를 한 뒤에 이 책에 대해 '찬성', '반대', '판단 보류'의 태도를 분명히 해야 한다. 10규칙은 반론은 조리 있게 할 것이며, 시비조는 좋지 않다는 것이다. 11규칙은 반론은 해소할 수 있는 것이라고 생각해야 한다는 것이다. 오해와 무지를 제거하면 대부분의 반론은 해소된다고 그는 생각했다.

애들러의 마지막 제4수준 독서 기술이 바로 신토피컬 독서다. 이는 한마디로 비교 독서법이라고 부를 수 있다. 신토피컬 독서법은 한 권이 아니라 하나의 주제에 대하여 몇 권의 책을 서로 관련 지어서 읽는 것을 말한다.

신토피컬 독서법은 여러 권을 비교하는 독서에서 벗어나 읽은 책을 실마리로 하여 책에 확실히 쓰여 있지 않은 주제를 스스로 발견하고 분석하는 독서 기술이다.

'동일 주제란 무엇을 말하는가?', '어떤 책을 읽어야 좋은가?' 하는 것이 먼저 해결해야 할 과제다. 독서의 수준은 차례차례 쌓여가는 것이므로, 신토피컬 독서의 준비 작업이 점검 독서 혹은 분석 독서라고 할 수 있다. 높은 수준의 독서법은 그 앞의 모든 수준이 포함된다.

신토피컬 독서에서는 한 권 한 권의 책에 중점을 두어서는 안 된다. 신토피컬 독서에서는 읽는 책이 아니라, 독자와 그 독자의 관심사가 최우선으로 취급되어야 한다.

신토피컬 독서에는 5단계가 있다. 1단계는 주제와 관련된 개소個所를 발견하는 것이다. 주제와 관련한 작품을 모두 점검하여 자신이 찾고자 하는, 해결하고자 하는, 관심이 있는 주제와 아주 밀접하게 연관 있는 부분을 찾아내고 발견하는 단계다.

2단계는 저자에게 타협을 짓게 하는 것이다. 읽는 책의 저자에게 독자의 언어로 말하게 하는 것이라고 생각하면 된다. 이 부분이 보통의 독서와 신토피컬 독서의 가장 큰 차이다.

신토피컬 독서법의 2단계에 대해 좀 더 설명해보겠다. 일반적인 독서에서는 독자가 저자의 언어를 저항 없이 수용한다면, 신토피컬 독서는 저자가 독자의 언어로 말하도록 하는 것이 목적이다. 독서에서 키워드가 되는 저자의 용어 사용 방식을 받아들이면, 독자는 당장에 그 한 권의 책에 갇히게 되고 벽에 부딪힌다. 신토피컬 독서법이 어려운 이유가 바로 여기에 있다. 단 한 권의 책을 제대로 이해하는 독서법이 아니라 여러 권의 책을 동시에 통합하여 책에 포함된 주제를 뛰어넘어 책에 없는 새로운 주제까지 확장하여 이해하고 분석하는 것이 주목적이기 때문이다. 그러므로 저자의 언어를 이해하는 일반 수준의 독서가 아니라 저자가 독자의 언어로 말하게 하는 것이 반드시 필요하다.

독자가 저자의 프레임에 갇혀서 저자의 언어로 읽는 일반 독서는 그 저자의 책은 이해할 수 있어도, 곧 다른 저자의 책은 이해할 수 없다. 따라서 목표로 삼는 주제에 대한 통합적 이해에 도움이 되는 어떤 지침이나 이해를 얻을 수 없게 된다.

3단계는 질문을 명확하게 하는 것이다. 책의 주장과 내용을 수동적으로 받아들이지 않고, 스스로 용어의 사용 방식을 정할 뿐 아니라 명제도 독자 자신이 만들어, 책의 내용을 활용하는 것이다. 독자가 스스로 만든 질문에 더 나은 해답을 얻기 위해 여러 권의 책의 내용과 명제를 이용하는 것인데, 모티머 애들러는 일련의 질문을 만들어 그 질문에 각각의 저자와 책으로부터 회답을 받는 것이 가장 좋은 방법이라고 생각했다.

4단계는 질문에 대한 저자들의 답이 서로 대립되거나 세 가지 이상의 대답이 되돌아올 경우에 논점을 정하는 것이다.

이어서 5단계에는 주제에 대한 논고를 분석하고 최종 점검을 하는 것으로, 두 가지 질문을 통해 그것을 시도해야 한다. '찾아낸 내용과 발견한 해답은 진실인가?', '그것에는 어떤 의의가 있는가?'라는 질문에 단순히 답할 수 있는 것만으로는 충분하지 않다. 최소한 진실을 파악하고 다른 이들에게도 논리적으로 입증하려면 각 질문에 각 저자가 각각 다른 대답을 하는 이유를 말하지

제1수준 **초급 독서**		
제2수준 **점검 독서**		
제3수준 **분석 독서**	1단계 개략	**1규칙** 책의 골격 발견
		2규칙 전체 내용 파악
		3규칙 핵심 및 구성 요약
		4규칙 논의점 찾기
	2단계 해석	**5규칙** 주요 키워드 파악
		6규칙 명제 발견
		7규칙 논증 찾기
		8규칙 해결점 검토
	3단계 비평	**9규칙** 정확한 이해 후 판단
		10규칙 조리 있게 반론하기
		11규칙 반론 해소
제4수준 **신토피컬 독서**	1단계 관련 개소 발견	
	2단계 저자에 타협 요구	
	3단계 명확한 질문하기	
	4단계 논점 결정	
	5단계 논고 분석 및 최종 점검	

않으면 안 된다. 뿐만 아니라 출처를 분명히 보여줄 수 있어야만 한다. 이러한 작업을 모두 마쳐야만 논고를 분석했다고 말할 수 있을 것이다.

　모티머 애들러의 신토피컬 독서의 주된 목적은 주제를 다각적으로 이해할 수 있도록 질문을 명확히 하여, 논점을 정하고, 정리하여, 논고를 분석해 '책 속에 확실히 쓰여 있지 않은 주제'를 '독자의 힘으로 스스로 발견'하고 분석하여, 자신이 원하는 답을 찾는 것이다. 이런 독서 기술은 보통의 독자들이 처음부터 쉽게 할 수 있는 기술은 절대 아니다. 독서 천재들은 많은 양의 독서를 하면서, 자연히 이런 독서 기술에 접근했던 것 같다.

　분명히 말해서, 신토피컬 독서법은 독서 고수가 되어야 가능한 독서 기술이다. 그러나 신토피컬 독서법이 정확히 무엇을 위한 독서이며, 어떤 방법과 단계로 실천하는 독서법인지에 대해 제대로 아는 이가 많지 않은 것 같아 안타까움이 크다. 수준 높은 독서법을 배우지 못하거나 알지도 못한다면 수준 낮은 독서법이 세상에 넘치게 될 것이다. 반대로 수준 높은 독서법이 차고 넘치면 자연스레 수준이 낮은 독서법이나 독서법 책은 세상에 발을 붙이기 힘들 것이다.

　신토피컬 독서법은 깊은 독서 내공과 이해력, 사고력 또 많은 시간을 필요로 하므로 아무나 당장 실천하기 어렵다. 그러나 플랫폼 독서법은 누구나 바로 쉽게 실천할 수 있다. 독서 초보는 초보만큼의 독서 효과를, 고수는 그 실력만큼의 효과를 얻는 것일 뿐, 깊은 독서 내공이 꼭 필요한 것은 아니기 때문이다. 신토피컬 독서법은 심층적인 깊은 이해를 해야만 원하는 독서의 목적을 달성할 수 있지만, 플랫폼 독서법은 이해가 아닌 연결과 융합을 통해 다양한 지식과 아이디어를 창출할 수 있다. 또한 성과에서도 차이가 있다. 신토피컬 독서법은 하나의 해답을 찾는 데 머무르지만, 플랫폼 독서법은 새로운 빅데이터를 생성해 더 많은 해결책을 찾고, 이어서 더 많은 독서를 할 수 있도록 발판이 되는 플랫폼을 구축하게 해준다.

모티머 애들러는 어떤 책을 읽든, 어떻게 읽든 독자라면 반드시 던지고 찾아야 하는 질문 네 가지를 더불어 소개했다.

첫째, 이 책은 종합적으로 무엇에 관한 책인가?

둘째, 책에는 구체적으로 무엇이 어떤 방식으로 서술되어 있는가?

셋째, 이 책은 전반적으로 신뢰할 수 있는가, 아니면 어떤 부분이 신뢰할 수 있는가?

넷째, 그런 것들에는 과연 어떠한 의미가 담겨 있는가?

끝으로 모티머 애들러는 TV나 게임 등의 인위적인 외부 자극은 마약과 같아서, 인간의 정신을 마비시킨다고 경고했다. 중요한 것은 스스로 정신적인 발전을 해야 한다는 것이다. 그러지 않으면 지적으로나 정신적으로, 심지어 도덕적으로 발전과 성장은 멈추게 되고, 그것은 죽음과 멸망이 시작되는 것이라고 피력한다.

명심하자. 적극적인 독서는 그 자체로서 가치가 있으며 물질적인 성공으로도 연결될 수 있다. 뿐만 아니라 훌륭한 독서는 우리를 격려하며 어디까지라도 성장시킨다.

지식 창조에 최적화된 브리콜라주적 편집:
에디톨로지 독서법

많은 이가 편집의 본질과 원리를 오해한다. 그래서 이 독서법을 끼워넣었다. 한마디로 편집했다는 것이다. '편집은 곧 창조다'라고 주장하는 사람 중에 대표적인 인물이 스티브 잡스와 말콤 글래드웰, 문화심리학자 김정운이다.

일본의 학자 가라타니 고진柄谷行人은 일본 문화를 기가 막힌 표현으로 말한 적이 있다.

"일본은 모든 것을 다 받아들인다. 그래서 하나도 안 받아들인다."

그러면서 일본 문화는 저수지 문화라고 한다. 모든 문화가 저수지처럼 밀려와 고여서 형성되는 문화라는 이야기다. 이래저래 편집을 잘하는 것이 일본의 저력이 된 듯하다.

김정운 교수는 '에디톨로지'라는 말을 만들었다. 이것도 편집이고 곧 창조다. 그는 에디톨로지를 편집학이라고 정의한다. 세상 모든 것은 우리가 인식하지 못하는 사이에도 끊임없이 구성되고 해체되고 재구성되며, 이 모든 과정을 그는 편집이라고 정의한다.

영화 편집자가 거친 촬영 자료를 편집해 관객에게 감동과 스토리를 전해주는 영화를 만드는 것처럼, 우리는 세상 모든 사건과 의미를 각자의 방식으로 편집한다. 이와 같은 편집의 방법론을 통틀어 그는 에디톨로지라고 명명했다.

사실 에디톨로지는 이전에도 있던 말로 통섭, 융합, 결합, 콜라보레이션 등의 비슷한 개념들 또한 이미 우리에게도 널리 알려졌다. 통섭이나 융합이 너무 거창하다면, 에디톨로지는 인간이 주체가 되어 실천하는 모든 주체적인 편집 행위라고 볼 수 있다.

그는 편집은 곧 창조고, 창조적 행위는 유희이자 놀이여야 하며, 즐거운 창조의 구체적 방법론이 바로 에디톨로지라고 주장하면서, 세상의 모든 창조는 이미 존재하는 것들의 또 다른 편집이라고 한다. 맞는 말이다. 해 아래 새로운 것은 없다. 그러므로 모든 창조는 편집이고, 편집은 곧 창조다.

독서를 한다는 것은 바로 이 편집을 더 잘하기 위해서다. 편집 곧 창조를 더 잘하기 위해 필요한 재료도 얻을 수 있고, 그 방법도 발견할 수 있고, 심지어 성과물에 대한 성공 확률도 예측할 수 있게 해주는 모든 길이 통하는 행위가 바로 독서다.

자동차 사고를 목격한 사람에게 질문을 어떻게 하느냐에 따라 대답하는 내용이 달라진다. 왜 그럴까? 질문이 목격자의 사고를 편집하고 왜곡하며 영향을 주기 때문이다. 똑같은 사고를 목격해도 '자동차 사고가 났을 때, 속도가 어느 정도였나요?'라는 질문과 '자동차가 쾅 하고 부딪혔을 때 속도가 어느 정도였나요?'라는 질문은 다르다. 이 작은 차이는 질문받는 이의 사고를 편집하고 왜곡하여, 후자의 질문에서 속도가 훨씬 더 빠르다고 답하게 한다.

심리학자 엘리자베스 로프터스Elizabeth Loftus는 이것을 실험을 통해 입증하고 '잘못된 정보 효과misinformation effect'라고 명명했다. 역사도 역사가에 의해 편집된 것이며, 인생도 기억 왜곡으로 편집된 결과라고 그는 말한다. 어느 정도 맞는 말이다.

그렇다면 남들이 창조라고 할 만큼의 놀라운 편집 능력은 어디서 나오는 것일까? 축적 능력이다. 많은 이가 아무리 많은 책을 읽어도 제대로 된 편집이나 창조를 하지 못하는 이유는 개별적으로 읽고, 잊어버리기 때문이다. 5년 전에 읽은 책의 내용을 누가 기억할까? 심지어 한 달 전에 읽은 책의 내용도 다 까먹는다. 그래서 평생 책을 읽지만, 결국 제자리라는 말이다.

독일은 철학과 사회과학이 세계에서 가장 발전한 나라 중에 하나다. 그 비결은 바로 축적이었다. 독일에는 '아카이브archiv'라는 자료 축적 전통이 있었기 때문이다.

김정운 교수가 뛰어난 창조자, 편집자, 유명 작가가 될 수 있었던 비결은 독일 유학 시절부터 에디톨로지 독서법으로 독서를 했기 때문이다. 그의 독서법은 새로운 가치와 문화, 아이디어를 거침없이 마구 만들어낼 수 있는 지식 창조에 최적화된 독서법이다.

그는 독서나 공부는 데이터베이스 관리라고 말한다. 그는 독일에서 심리학의 구체적인 내용을 공부한 것이 아니라 다만 공부하는 방법을 배웠다고 한다. 그는 베를린의 숱한 도서관, 박물관, 아카이브라 불리는 각종 자료실을 찾아다니며 발로 배웠다.

김정운이 잘한 것은 바로 이것이었다. 자료의 축적과 분류. 그는 주말이고 밤이고 연구소에 가서 연구소의 모든 자료를 컴퓨터 데이터베이스에 정리해 넣었다. 그 과정에서 자기 나름대로의 분류 체계를 만들어, 자신이 아니라 누구라도 그저 자료만 넣으면 분류가 되고, 정리가 되도록 만들었던 것이다.

그는 책을 읽으며 새로운 내용이 나올 때마다 무조건 컴퓨터 데이터베이스에 개념별로 정리해 넣었다. 자료가 쌓일수록 이 과정은 매우 흥미진진해질 뿐 아니라 또 다른 유희를 느끼게 한다.

어떤 주제나 아이디어가 떠오르면, 그는 그것을 자신의 데이터베이스에서 검색했다. 그러면 관련 책 내용과 데이터들이 마구 올라왔다. 그렇게 책을 읽고, 정리하고, 분류하고, 재구성하고, 편집하다 보니 두 가지 유익한 점이 발생했다고 한다.

하나는 '네트워크적 지식의 생성'이었다. 간단한 리포트는 새롭게 분류된 데이터를 정리하기만 하면 되었다. 두 번째는 그것이 바로 '데이터의 메타 언어'를 사용할 수 있게 된 것이다. 즉 정보와 정보의 관계로서 지식을 마음대로 분리, 합체, 변신할 수 있게 되었다는 것이다.

이것이 가능하려면 적정량의 데이터가 축적되어야 한다. 일단 축적이 되어 데이터베이스가 생성되면 그 다음부터는 독서가 즐거워진다. 독서가 독서로 끝나지 않고, 편집과 창조, 재구성과 재창조의 영역으로 넘어가게 된다. 그 역시 이런 창조의 비밀을 자연스럽게 깨닫고 실천했던 뛰어난 독서가 중에 한 명이었던 것이다.

그에게 공부는 바로 이것이다. 먼저 많은 책을 읽으면서 방대한 데이터를 축적하고 그 다음에는 쌓인 데이터를 자유롭게 연결하는 것이다. 그것이 그에게는 일종의 편집이며 이런 과정이 바로 공부였다.

그의 생각 중에 하나가 나에게 깊은 인상을 남겼다. 책은 처음부터 끝까지 읽을 필요가 없다. 그것은 시간 낭비다. 아주 오래전에는 모든 책이 두루마리였다. 두루마리는 처음부터 끝까지 읽어야 된다. 그 목적을 위해서 만들어진 것이다.

그러나 지금 우리가 읽고 있는 책은 파피루스 두루마리가 아니다. 4세기경부터 인류는 책의 형식에 혁명을 가져다 준 코덱스^{codex}라는 형식을 취하여 책을 만들기 시작했다.

코덱스 형식으로 책을 만들기 시작한 이유는 자신이 원하는 부분을 찾아 골라 읽기 위해서다. 코덱스는 김정운 교수가 실천했던 데이터베이스의 초기 형태인 것이다. 이해를 위해 인덱스^{index}를 떠올려보자. 인덱스는 '색인'이라는 말이다. 색인은 책 내용 중에서 중요한 단어나 항목, 인명 따위를 쉽게 찾아볼 수 있도록 일정한 순서에 따라 별도로 배열해 놓은 목록으로 다시 말해 '찾아보기'다.

책이 많지 않았을 때는 더 읽을 책이 없었기에 처음부터 끝까지 읽고, 또 읽어야 했다. 그러나 지금은 너무나 달라졌다. 그 반대다.

책이 너무 많다. 차고 넘친다. 그런데 왜 과거의 방식대로 두루마리 책을 읽을 때처럼 읽고 있는가?

처음부터 끝까지 저자의 이야기와 프레임을 쫓아가기 바쁜 사람들은 매번 저자의 이론을 따라가는 데 급급한 독서를 하며, 그것을 뛰어넘지 못한다. 자신의 창조적인 생각이나 새로운 아이디어, 놀라운 지식은 절대 편집하거나 창조할 수 없고, 결코 나오지 않을 것이다.

독서를 하는 목표, 주제, 해결해야 할 문제를 설정하여 플랫폼 리딩을 하는 독서 천재들은 책을 처음부터 끝까지 다 읽지 않는다. 대신 엄청나게 많은 책을 건너뛰며 주제와 관련된 부분만을 읽으면서 솔루션을 찾아내고, 새로운 것을 창조한다. 독서의 프레임에 갇히지 말고, 틀을 깨는 독서를 하자. 그것이 플랫폼 리딩의 핵심이다.

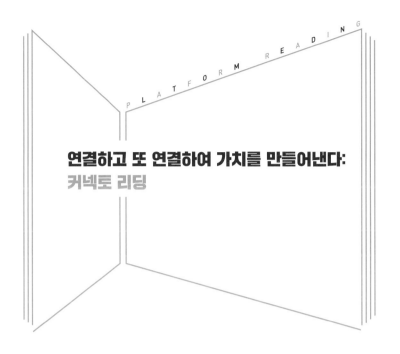

연결하고 또 연결하여 가치를 만들어낸다: 커넥토 리딩

AI 시대, 4차 산업혁명 시대에 당신의 독서는 여전히 1차 산업혁명 시대에 사용했던 방식과 기술인가? 그렇다면 이제 당신은 독서법과 독서 기술을 바꿔야 할 때가 되었다. 아니, 지금도 너무 늦었다. 그러나 후회하기보다는 지금이라도 바꾸는 것이 좋을 것 같다.

우리는 보통 최고의 콘텐츠, 최고의 제품을 만들어야 한다는 강박관념을 가지고 있다. 그러나 이보다 더 중요한 것은 이것을 어떻게 잘 연결하느냐는 것이다. 결국 모든 것은 연결에 달려 있다. 연결을 통한 네트워크는 더 많은 연결과 가치를 만든다.

인터피디아Interpedia와 위키피디아Wikipedia는 비슷한 시기에 탄생했다. 인터피디아는 실패했지만, 위키피디아는 성공한 이유가 무엇일까? 인터피디아는 하나의 콘텐츠를 한 사람이 독립적으로 만드는 시스템을 유지했다. 그러나 위키피디아는 하나의 콘텐츠를 여러 사람이 만들 수 있도록 했고, 그러는 과정에 하나의 콘텐츠를 중심으로 여러 사람이 자연스럽게 연결되었던 것이다.

다시 말해, 위키피디아는 다른 사람들의 글을 편집하기 위해 또 다른 사람과 자연스레 일종의 플랫폼을 구축하게 되는 시스템을 만들었다. 연결되는 순간, 누구도 상상하지 못했던 새로운 세상이 열린다.

천재 경영 전략가 바라트 아난드Bharat Anand 하버드대학교 경영대학원 교수는 콘텐츠의 함정에서 벗어나 연결을 강화하라고 주장했다. 그는 과거의 중요한 성공 공식이 '최고의 제품, 최고의 콘텐츠를 만드는 것'이었다면, 그것을 넘어 사용자와 제품과 기능을 어떻게 상호 연결시키고, 주변 기회를 확대할 것인가가 새로운 성공 공식이라고 피력한다.

제품과 콘텐츠만 완벽하게 만들면 될 것이라는 함정에서 하루 빨리 벗어나, 연결과 융합이 창조하는 거대한 시너지에 눈을 돌려야 한다고 조언한다.

커넥토 리딩의 원리는 바로 이것이다. 개별적으로 한 권씩 읽고 이해하는 독서가 아닌, 수많은 책을 연결하여 함께 읽으면서 거대한 플랫폼을 구축하여, 다양한 지식과 가치, 아이디어가 끊임없이 재생산되는 네트워크 효과의 극대화를 이루는 것이다.

네트워크 효과의 극대화를 이룬 다른 예를 살펴보자. 기존의 호텔 비즈니스는 새로운 호텔을 짓는 것이 가장 중요한 일이었다. 그러나 에어비앤비Airbnb는 다른 길을 택했다. 잠잘 곳이 필요한 사람과 잠잘 공간을 가진 사람을 연결시켜주는 일에 중점을 두었다. 우버도 똑같은 원리로 성공한 기업이다.

독서도 이와 같이 해야 한다. 새로운 지식을 더 많이 습득하는 것보다 기존에 읽은 것들을 잘 연결하는 일에 중점을 두고, 독서를 해나갈 때 독서력과 독서량은 급상승하게 된다.

독서법에 대해서 수많은 책을 읽고 관련 지식과 정보를 습득하기만 한 사람과 책을 읽고 이 주제에 대한 지식과 정보를 연결시킨 사람은 결과적으로 매우 다른 위치에 놓이게 된다. 전자는 그저 좋은 독자가 되지만, 후자는 독서법 전문가 혹은 독서법 책의 저자 또 새로운 독서법을 만드는 독서법 창안자가 될지도 모른다.

지식과 정보가 개별적으로 존재할 때는 무기가 되지 않는다. 그러나 연결하고 플랫폼을 구축할 때 강력한 무기가 되어준다. 커넥토 리딩은 한 주제와 관련한 여러 책을 동시에 읽으며, 비교만 하는 것이 아니라 연결하는 독서의 접근법이며 기술이다.

커넥토 리딩이 가장 큰 효과를 내는 분야는 저술 분야다. 일반 독자들은 저술을 할 기회가 없기 때문에 피부로 체감하기 힘들 것이다. 그러나 책을 출간해본 경험이 있는 작가라면 충분히 공감할 것이다.

이제 당신이 독자에 불과하더라도 커넥토 리딩을 하는 것이 훨씬 더 훌륭한 독자가 될 수 있다는 사실을 간과해서는 안 된다. 한 주제와 관련 있는 책을 읽다가 숙달이 되면, 전혀 관련 없는 많은 책을 하나의 주제를 구심점으로 놓고 읽어나가면서 연결하고 구축하는 독서를 할 수 있게 된다.

한번에 여러 권, 핵심만 연결한다:
플랫폼 리딩

퀀텀 독서법과 초서 독서법이 꼭 필요한 이유도, 편집공학 독서법과 신토피컬 독서법, 커넥토 리딩 등 다양한 독서 기술을 설명해야 했던 이유도 이 한 가지 독서 기술 때문이었다.

바로 플랫폼 리딩이다.

플랫폼이란 무엇인가? 플랫폼의 어원적 의미는 심플하다. '역에서 승객이 열차를 타고 내리기 쉽도록 철로 옆으로 지면보다 높여

설치해놓은 평평한 장소. 승강장'을 의미한다. 그러나 지금은 여기서 더 확장돼 사용되고 있다.

플랫폼은 제품과 반대되는 개념이 되었다. 이제 플랫폼은 어떤 제품을 판매하는 자와 사용하는 자 모두가 하나의 장에 모여서 혹은 이들을 하나의 장으로 끌어들여 새로운 가치와 문제에 대해 더 나은 솔루션을 창출하는 곳을 의미한다.

로마가 1,000년 동안 지속된 비결은 플랫폼 구축에 있다고 본다. 로마는 출신지에 관계없이 누구나 로마 시민이 될 수 있도록 했고, 시민이 되면 로마가 만든 플랫폼에서 자신의 역량을 발휘할 수 있었다.

로마인의 지성은 그리스인보다 못하고, 경제력은 카르타고인보다 못하고, 체력은 게르만인보다 못하지만, 그들이 잘한 것 하나는 로마 시민 모두를 하나의 장, 로마라는 플랫폼에서 새로운 가치와 힘을 창출하도록 했던 것이다.

로마는 부가 축적되면 성을 쌓지 않고, 누구나 연결이 쉽게 되는 길을 닦았다. 로마는 8만 킬로미터에 달하는 도로를 만들었고, 이 도로는 하나의 플랫폼이 되어 로마를 발전시키는 시너지 효과를 창출했다.

성을 쌓으면 아무나 쉽게 다닐 수 없다. 교류가 막히는 것이다.

그러나 길을 만들면 누구나 다닐 수 있다. 그리스인도 다니고, 게르만인도 다닐 수 있다. 사람들이 다니면 자연스럽게 교류와 만남의 장이 생기고, 시너지 효과가 발생하는 것이다.

네트워크를 플랫폼이라고 하지 않는다. 네트워크는 충분히 플랫폼이 될 수 있지만, 플랫폼에는 네트워크가 아닌 것도 포함한다.

가령 이런 것이다. 교육도 하나의 플랫폼이다. 과거에 누군가가 평생에 걸쳐 이루어놓은 업적과 지식이라는 거인의 어깨 위에서 우리는 교육을 받고 더 높은 곳으로 올라갈 수 있다. 이것이 바로 교육이라는 플랫폼이고, 이런 좋은 플랫폼 덕분에 인류의 학문과 기술은 지속해서 발전해올 수 있던 것이다.

플랫폼 독서 기술의 효과를 가장 잘 설명하는 '베이스캠프' 플랫폼의 사례를 생각해보자.

과거에는 8,848미터나 되는 에베레스트 산에 베이스캠프를 고작 2,000미터에 설치했다. 아무도 여기에 이의를 제기하거나 의문을 품지 않았다. 앞 사람들이 관행적으로 그렇게 낮은 곳에 베이스캠프를 설치했던 것이다. 잘못된 플랫폼 사례다. 그러나 누군가가 베이스캠프를 4,000미터, 심지어 6,000미터나 되는 높은 곳에 설치하기 시작하자 에베레스트 등정에 성공하는 이가 매년 수백 명으로 늘어났다. 한순간에 성공률이 100배 이상 점프한 것이다. 이것이 좋은 플랫폼 구축의 효과다. 베이스캠프 플랫폼을 잘 구축하면, 순식간에 등정 능력과 성공한 산악인의 수가 급상승하게 되는 것이다.

독서력과 독서량을 극대화시키는 것이 바로 독서의 베이스캠프 플랫폼 구축 기술이다. 플랫폼 독서법에서 가장 중요한 것은 한 번에 한 권을 읽는 파이프라인식 독서 기술과 정반대로 해야 한다는 점이다.

즉 여러 권의 책을 동시에 읽으며, 독서의 차원을 높여야 한다. 베이스캠프 플랫폼의 교훈처럼 우리는 한번에 여러 권씩 읽는 훈련을 해야 할 필요가 있다.

에베레스트 베이스캠프를 다시 한번 생각해보자. 등산은 제일 밑에서부터 정직하게 정상까지 가는 것이라고 순진하게 생각할 수도 있다. 그러나 그렇게 해야 하는 법은 없다. 8,848미터의 산을 등산하기 위해 플랫폼을 잘 구축한 후에는 2,000미터 정도만 올라가면 그 산을 정복하게 되는 원리와 같다. 베이스캠프 플랫폼을 잘못 구축해서 1,000미터에서 시작하면 8,000미터를 올라가야만 그 산을 정복하게 되는 것이다.

그렇다고 베이스캠프를 6,000미터에 설치하는 플랫폼 구축이 정직하지 않은 것일까? 아니다. 우리의 목표는 해발 0미터에서 꼭대기까지 가는 것이 아니라, 에베레스트 산을 정복하는 것이다.

가장 중요한 부분은 바로 정상을 가는 것이 아닐까?

플랫폼 독서, 즉 플랫폼 리딩도 이런 원리로 독서를 하는 것이다. 주제와 불필요한, 아무 상관도 없는 부분을 정직하게 처음부터 끝까지 글자 하나 빼먹지 않고, 왜 한 권씩 읽어야 하는가? 도대체 무엇을 위해 그런 독서를 하는가?

베이스캠프 플랫폼의 교훈처럼 꼭 필요한 부분, 가장 중요한 부분, 특히 주제와 관련된 부분만을 읽고 그것들을 연결하여 하나의 플랫폼을 구축하는 독서를 한다면 어떨까? 플랫폼 리딩의 원리는 바로 에베레스트 정복의 결정적 핵심인 베이스캠프 플랫폼과 같다.

6장 _____

인공지능 시대, 플랫폼 독서법으로 극복한다

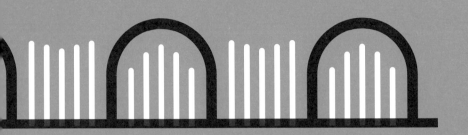

"책을 읽으면서 성인이나 현자를 보지 못한다면,
그는 글씨를 베끼는 사람에 지나지 않는다."
— 홍자성洪自誠, 《채근담菜根譚》

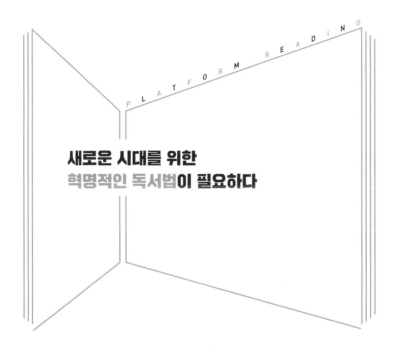

새로운 시대를 위한
혁명적인 독서법이 필요하다

이제 지식 폭발의 시대다. 아니, 인공지능 시대다. 인간의 지식을
쉽게 뛰어넘는 인공지능은 스스로 딥러닝을 통해 인간을 초월해
서 앞서가고 있다. 이런 시대에 인간인 우리가 과거의 전통적인
독서 기술로 책을 한 권씩 천천히 읽는다면 얻는 것보다 잃는 것
이 더 많을 것이다.

어제보다 더 나은 지식이 폭발적으로 생겨나는 시대이기 때문

이다. 한 개인의 사고력은 한계가 있다. 그마저도 독서력이 뛰어나 독서량이 어마어마한 사람의 경우는 조금 나을 수가 있지만, 이것마저도 한계가 있다.

읽고 생각하고 질문하고 토론하는 독서 기술은 과거 산업화·정보화 시대에 필요한 독서 기술이다. 이제는 시대가 변했다. 인공지능은 딥러닝을 통해 훨씬 더 앞서가고 있다. 그런데 우리는 과거 100년의 독서 기술과 전혀 달라진 것이 없는 기술과 수준으로 책을 읽고 있다.

새롭고 혁명적인 독서 기술이 필요하다. 연결하고 융합하고 구축하는 플랫폼 독서 기술을 조금만 배우고 연습한다면 당신도 훌륭한 플랫폼 리더가 될 수 있다. 왜 군이 한 권씩 순차적으로 읽으려고 하는가? 왜 여러 권을 동시에 통합적으로 읽으면서 그것들을 연결하려고 하지 않는가? 언제까지 자신의 머리로만 이해하고 생각하려고 하는가? 더 나은 지식과 정보, 사고와 의식이 담긴 더욱 많은 책을 활용하여 시너지 효과를 만들어내야 한다.

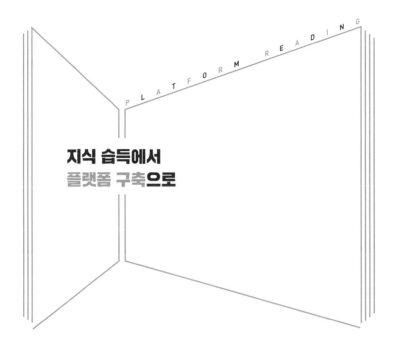

지식 습득에서
플랫폼 구축으로

과거 산업화 시대나 정보화 시대, 지식산업화 시대에는 지식 습득이 곧 돈이었고, 경쟁력이었고, 성공이었다. 그러나 이제 우리는 지식 습득만으로는 돈이나 경쟁력이 되지 않는 인공지능 시대에 살게 된다. 어쩌면 이미 살고 있는지도 모른다.

지식의 습득만으로는 사업을 할 수도 없고, 성공할 수도 없고, 새로운 것을 만들어내거나 발명할 수도 없다. 이미 너무 많은 것이 이루어진 시대이기 때문이다. 지금은 수많은 지식을 연결하는 네트워크를 통해 새로운 지식의 발전소 역할을 하는 플랫폼을 구축하는 일이 필요하다.

당장 지식을 얻기만 하는 독서에서 벗어나 지식을 자유자재로 연결하여 궁극적으로 지식 플랫폼을 구축하는 독서로 나아가야 한다. 이제까지 독서가 지식과 정보를 습득하는 1차원적인 독서였다면, 앞으로는 과정 자체가 새로운 지식의 플랫폼을 구축하고 생성하고 개발하는 다차원적인 독서여야 한다. 이것이 플랫폼 독서 혁명이다. 위대한 위인들은 이미 이런 접근 방식으로 독서를 하고 있었다.

이 사실이 이 책이 말하고자 하는 것이며, 일반인들도 누구나 플랫폼을 구축하는 독서가가 될 수 있도록 도움을 주는 것이 바로 이 책의 목적이다.

파이프라인식 독서에서
네트워크 독서로

기존의 독서 방식은 한 권을 제대로 다 읽지 않고 이 책 저 책 들었다 놓았다 하면, 야단을 맞거나 불성실한 독서가로 낙인이 찍히기도 한다. 그러나 이제는 시대가 달라졌고, 환경이 달라졌다. 한 권씩 읽는 것은 너무나 비효율적인 독서가 되었다.

독서를 할 때는 목적이 분명해야 한다. 독서를 통해 더 나은 삶을 살고자 한다면 한 권의 책을 순차적으로 읽는 파이프라인식 독서에서 벗어나 여러 권의 책을 동시에 읽는 네트워크 독서, 커넥토 리딩을 해야 한다.

그래도 당신이 한 권씩 읽는 파이프라인식 독서를 선호한다면 말릴 생각은 없다. 최종 결정은 본인이 하면 된다. 다만 세상에는 다양한 독서 기술이 있다는 것과 커넥토 리딩을 이미 많은 이가 사용하고 있다는 사실, 그 효과가 남다르다는 사실을 알기 바란다.

여러 권의 책을 동시에 읽는 것은 독서 고수나 독서 천재들만이 사용할 수 있는 어려운 독서 기술이 아니다. 약간의 연습과 훈련을 한다면 누구나 쉽게 할 수 있으며, 독서 과정이 훨씬 능동적이되고 보물찾기를 하듯 재미와 흥미를 느끼게 해준다.

독서 시간을 정했다면, 그 시간 동안 한 권의 책을 읽는 것보다는 같은 주제의 책을 여러 권 읽으며 서로 연결하면 훨씬 더 많은 지식을 습득할 수 있다. 나아가 책 속에 없는 또 다른 관련 지식을 만들어낼 수도 있다. 이것이 바로 커넥토 리딩의 가장 큰 이점이다.

100개의 지식보다
1개의 기발한 아이디어를 창조하라

유튜버들이 돈을 많이 버는 이유는 무엇일까? 그것은 새로운 콘텐츠를 계속 창조하고 만들어내는 콘텐츠 크리에이터이기 때문이다. 맡은 일만 열심히 하는 사람보다는 새로운 것을 끊임없이 창조하고 만들어내는 사람이 훨씬 더 돈을 많이 번다. 그런 점에서 기존의 독서는 전자와 비슷하다.

플랫폼 리딩은 새로운 것을 끊임없이 창조하는 독서다. 100개의 지식을 습득하는 것이 좋을까, 하나의 새로운 지식을 창조하는 것이 더 좋을까? 당연히 이 시대에는 기존의 지식 100개보다 새롭게 만든 지식과 아이디어 하나가 더 좋다. 연결하고 구축하고 생성하는 독서를 하는 것이 기존의 지식과 정보를 습득만 하는 독서보다 훨씬 더 좋은 이유가 바로 이것이다.

지식이 많은 사람보다는 남다른 기발한 아이디어를 가진 사람이 결국 그 아이디어로 부자가 되고, 큰일을 해내는 것을 우리는 쉽게 찾아볼 수 있다.

페이스북을 창안한 사람, 은행을 만든 사람, 인터넷을 만든 사람, 유튜브를 만든 사람처럼 이전에는 없던 새로운 상품이나 서비스를 만들고 개발한 사람들은 모두 특별하고 놀라운 하나의 아이디어에서 시작했다.

인공지능 시대에 필요한 독서 유형은 지식 습득이 아니라, 지식 창조의 독서다. 그러려면 연결하고 구축하고 생성하는 크리에이티브 독서 혁명이 필요하다.

프레임에 갇힌 독서에서 프레임을 뛰어넘는 독서로

프레임이라는 단어가 있다. 이 단어는 세상과 타인에 대한 인식의 방법 혹은 방식을 공식화한 것을 의미한다. 우리는 살면서 더 쉽고 빠르고 효율적으로 생각하기 위해 거의 무조건적으로 반응하는 경향이 있는데, 이때 사용되는 생각의 틀이 바로 프레임이다.

대표적인 프레임의 예는 물병에 든 물이다. 똑같은 물병에 든 물을 보고 한 사람은 '절반이나 물이 남았네'라고 생각하고, 다른 사람은 '절반밖에 안 남았네'라고 생각한다. 이 차이는 두 사람이 가지고 있는 프레임이 다르기 때문이다.

우리는 처음으로 접하는 물건이나 대상을 파악하고 인식하는 데 오랜 시간이 걸린다. 이런 경우에 효율적으로 대처하기 위해 우리는 프레임을 만들게 된다.

'싼 게 비지떡이다'라는 생각은 하나의 프레임이다. 이런 프레임을 가진 사람들은 물건이 너무 싸면 물건에 하자가 있지는 않은지 의심해본다.

'다독은 필요 없고, 한 권이라도 제대로 읽는 것이 중요하다'라는 생각도, '다독은 반드시 필요하다'라는 생각도 모두 프레임이다. 그 프레임은 자신이 살아오면서 보고 듣고 경험한 것에 의해 형성된다.

다산 정약용 선생은 이런 프레임을 가지고 있었다. '5,000권 정도의 책이 머릿속에 있어야 비로소 세상과 자신을 제대로 꿰뚫어 볼 수 있는 통찰력이 생긴다.' 중국의 시성 두보_{杜甫}의 프레임도 이와 비슷했다. '독서파만권 하필여유신讀書破萬卷 下筆如有神', 즉 '1만 권의 책을 읽으면 글쓰기가 신의 경지에 이르게 된다'고 생각한 것이다.

재미있기도 하고 신기하기도 하지만, 독서를 많이 한 사람일수록 다독의 중요성을 강조하는 프레임을 가지고 있고, 독서를 하지 않는 사람일수록 독서의 중요성을 인식하지 못하는 프레임을 가진 듯하다.

독서를 많이 한 사람들, 그래서 독서의 임계점을 돌파한 사람들은 비로소 프레임에서 벗어날 수 있는 독서가 가능해진다. 그 결과 한 권의 책을 순차적으로 읽는 기존 프레임에서 벗어나 고차원적인 독서를 한다. 그런 이들은 1차원적인 독서 프레임을 뛰어넘어 다양한 방식으로, 여러 권의 책을 동시에 읽는 창조적 다독술에 가까운 독서 프레임을 가지고 있다.

모티머 애들러뿐만 아니라, 도서관을 통째로 읽었던 독서의 대가들은 모두 다독의 중요성을 인식한 프레임을 가지고 있었던 것이다.

7장 _____

플랫폼 리딩으로
세상을 바꿔버린
거인들

"모든 훌륭한 책 속에는 지루한 부분이 있고,
모든 훌륭한 사람의 생애도 흥미 없는 범위를 포함하고 있다."

— **버트런드 러셀**Bertrand Russell

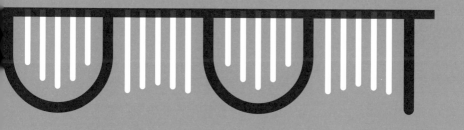

도서관을 통째로 읽어버린
컨버전스 혁신의 선구자: 토머스 에디슨

학교를 겨우 3개월 다니다 퇴학을 당한 토머스 에디슨은 어떻게 인류 역사상 최고의 발명가 위치에 올랐을까? 어떻게 그는 30대에 현존하는 최고의 유명인이 될 수 있었을까?

그는 정규 교육을 제대로 못 받았고, 가정 형편도 좋지 않았다. 어린 나이에 떠돌아다니면서 일을 하며 먹고 살아야만 했다. 기차 안에서 사탕과 신문을 팔다가 떠돌이 전신 기술자가 되었다.

그는 그 최악의 삶의 환경 속에서 어떻게 자신을 부단히 발전시켜 당대 최고의 발명가로 도약할 수 있었을까? 그의 성공 비밀은 무엇일까?

그는 우리 모두가 알다시피 어렸을 때 심한 고열과 병 때문에 귀머거리가 되었다. 그가 청각 장애를 얻었기 때문에 남들과 다른 책에 대한 열정이 있었다고 나는 생각한다.

그는 자전적 회고에서 이 사실을 고백한 바 있다.

고열의 고통이 사라진 후, 그를 독서에 빠지게 해주었던 것은 바로 청각 장애였다. 장애의 절망 속에서 그에게 피난처가 되어준 것은 다름 아닌 디트로이트 공공 도서관이었다. 그는 책장 맨 아래 칸에 있는 책부터 시작해, 책장 하나하나를 모두 읽어나갔다. 그는 책을 읽은 것이 아니라 도서관 전체를 읽었던 것이다. 그때 그는 마침 더블린에서 출간된《페니 도서관 백과사전The Penny Library Encyclopedia》을 손에 쥐게 되었고 그 책도 역시 처음부터 끝까지 모조리 읽어버렸다.

앞에서 빌 게이츠, 스티브 잡스, 일론 머스크가 백과사전 읽기를 좋아하는 공통점이 있다고 했고, 백과사전을 읽는 것은 플랫폼 리딩을 익히고 연습하기에 가장 좋은 교재라는 사실을 언급했었다.

그런데 이것이 우연일까? 위대한 발명가 토머스 에디슨도 그 많은 책 중에 왜 하필 백과사전을 처음부터 끝까지 읽었다고 말했을까?

그 역시 플랫폼 리딩을 한 것이다. 그런 방식으로 책을 읽는 이들에게는 하나같이 공통점이 있다. 바로 백과사전 읽기를 좋아한다는 점이다. 에디슨에 관해 쓴 많은 책에서 그가 플랫폼 리딩의 대가라는 사실에 근거를 제시한다. 그는 디트로이트 도서관을 통째로 읽으면서 분야를 가리지 않았고, 특히 백과사전, 문학·철학·경제학·사회학 등의 책을 두루 섭렵하며, 연결하고 구축하는 플랫폼 리딩을 했다. 그의 수많은 발명품이 플랫폼 리딩의 또 다른 근거가 된다.

청각 장애를 가지고 있는 소년에게 놀이의 종류는 한계가 있다. 특히 친구들과 함께 뛰어놀 수가 없다. 에디슨은 청각 장애로 다른 오락수단을 가지지 못했고, 아마도 많은 시간을 들여 열정을 불태울 만한 유일한 수단이 독서였을 것이다.

에디슨은 모든 종류의 책을 즐기며, 연결하고 공유하고 플랫폼을 구축할 줄 알았던 것으로 보인다. 그가 어렸을 때 어린이에게 너무 어려운 버튼Burton의《슬픔의 분석Anatomy of Melancholy》을 읽은 후에 분야를 뛰어넘어 뉴턴의《프린키피아Principia》를 읽을 수 있게 되었다고 한다.

그의 말처럼 그는 도서관 전체를 읽었던 것이다. 여기서 중요한 사실을 우리는 간과해서는 안 된다.

그는 "도서관 전체를 읽었던 것"이지 책 한 권 한 권을 읽은 것이 아니다. 빌 게이츠나 워런 버핏, 다산 정약용처럼 그는 플랫폼 리딩을 했던 것이다.

"나는 책을 읽은 것이 아니라 도서관 전체를 읽었던 것 같다."

이 말은 바로 플랫폼 리딩의 핵심 원리와 활용법을 잘 나타내 주고 있다.

《페니 도서관 백과사전》을 입수해 모조리 읽어낸 에디슨처럼 플랫폼 리딩 대가들은 모두 백과사전을 좋아할 수밖에 없다. 백과사전이 가지고 있는 특징 때문이다. 백과사전에는 너무나 이질적이고 다양한 정보와 지식이 백화점처럼 전시되어 있다. 쇼핑을 좋아하는 백만장자에게 모든 물건이 있는 백화점보다 더 좋은 공간은 없다.

플랫폼 리딩은 백만장자의 쇼핑과도 맥락을 같이한다. 가장 비싸고 가장 좋은 물건을 산다. 이것은 초서 독서법의 '초抄' 자와도 연결되어 있다. 초 자는 '오랑캐가 노략질할 초'라는 또 다른 깊은 의미가 있는데, 이것은 사실 플랫폼 리딩의 원리에 어느 정도 연결이 가능하다.

오랑캐가 한 마을을 노략질할 때 집집마다 모든 물건을 다 노략질할 수는 없다. 마을에서 가장 값비싸고 중요한 물건만 찾아 노략질해야 집에 성공적으로 무사히 갈 수 있다. 그렇다면 가장 중요한 물건을 빨리 파악하고 그것을 집에 갖고 와서 이전에 노략질했던 것과 연결하여 컬렉션을 만들어 비싼 값에 파는 것이 오랑캐의 입장에서 최고의 전략이다.

피터 드러커는 에디슨을 두고 '모든 최첨단 기업의 원형'이라고 평가했다. 그는 이렇게 말했다.

"아이디어의 가치는 그것을 어떻게 사용하느냐에 달려 있다."

여기서 우리는 '아이디어'를 '독서'로 바꿔넣어도 될 것이다. 이렇게 말이다.

"독서의 가치는 그것을 어떻게 사용하느냐에 달려 있다."

많은 독서로 지식이 넘치는 사람이 될 것인가? 독서를 통해 더 나은 창조를 하고, 더 나은 아이디어를 생산해내는 플랫폼 리더가 될 것인가?

에디슨의 발명의 비밀은 바로 연결이었다. 이것을 다른 말로 하면 '컨버전스 혁신'이라고도 할 수 있다. 더 근사한 말은 '플랫폼 혁명'일 것이다. 그는 자신이 탄탄하게 읽었던 어마어마한 책의 내용과 정보와 아이디어를 연결하고 결합해서 발명이라는 플랫폼을 구축했다. 일단 구축되고 나면 전혀 다른 사건이나 물건을 보아도, 발명이 된다.

특허 전문 변호사 에드워드 디커슨^{Edward Dickerson}은 에디슨의 뇌를 근사한 만화경이라고 묘사한 적이 있다. 에디슨이 머리를 굴리기만 하면 다양한 생각들이 결합해 새로운 아이디어들이 쏟아졌기 때문이다. 그 아이디어 대부분은 특허를 내도 될 정도로 좋았다고 한다.

에디슨은 연결하고 융합하여 플랫폼을 만들어내었고, 그 결과 새로운 아이디어를 마구 쏟아낼 수 있었다. 그 덕분에 기름 없이 불을 밝힐 수 있는 백열전구를 만들어 도시를 대낮처럼 환하게 밝혔고, 말하는 기계인 축음기를 만들어 혁신을 가져다주었고, 말보다 힘이 센 축전지를 만들어 인류에게 새로운 문명을 열어주었다.

그에게 발명은 어쩌면 여기저기 흩어져 있는 방대한 지식과, 위대한 문학가의 상상력을 연결하고 융합하여 만드는 것인지도 모른다. 실제로 그는 자신의 아이디어가 모두 셰익스피어의 상상력에서 비롯되었다고까지 말한 적이 있다.

마이클 J. 겔브^{Michael J. Gelb}와 사라 밀러 칼디코트^{Sarah Miller Caldicott}의 책 《컨버전스 혁신: 에디슨 스타일^{Innovate like Edison}》을 보면, 에디슨은 많은 아이디어가 본인의 것이 아니라 모두 셰익스피어의 아이디어에서 비롯되었다고 말했다. 셰익스피어도 마음만 먹으면 얼마든지 발명가가 되었을 것이라고 하며, 셰익스피어는 모든 것의 내면을 훤히 내다보는 것 같다고 표현했다. "그가 발명을 했다면 멋진 것들을 얼마나 많이 생각했을까요? 게다가 사물을 표현하는 방식은 또 얼마나 독창적인가요!" 셰익스피어가 아니라면 그런 생각을 할 수 있는 사람은 없었을 것이라고 에디슨은 주장했다.

우리는 독서를 연결하여 새로운 플랫폼을 만들었을 때 비로소 가치가 더해지고 활용도가 높아진다는 사실을 여기서도 배울 수 있다.

많은 이가 에디슨이 전구를 발명한 것으로 알고 있지만 그것은 틀린 사실이다. 에디슨보다 먼저 전구를 발명한 사람들이 따로 있을 뿐만 아니라, 그것도 한두 명이 아니었다. 그러나 전구에 대한 지식과 기술이 따로 존재했기에 효용 가치가 낮았고, 따라서 먼저 발명한 사람들은 유명해지지 않았다. 가정에서 전구를 사용하기 위해서는 전선, 발전기, 교환기, 전신키 등 다양한 개별적인 발명품을 하나의 플랫폼으로 만들어야 한다. 에디슨은 전구를 먼저 발명한 이들과 달리, 전구에 관한 지식과 기술을 다양한 지식과 시스템에 연결되게 했고, 그 결과 인류가 전구를 실생활에 사용하도록 시스템을 구축할 수 있었다. 에디슨은 바로 플랫폼 구축의 대가였다.

에디슨은 독서도 이와 같은 원리로 했기 때문에 누구보다 더 큰 배움과 창의성을 얻을 수 있었다. 개별적인 독서로 독립된 지식을 얻는 것에 그치는 것이 아니라, 반드시 그것들을 연결하고 융합하여 플랫폼을 구축해야 한다.

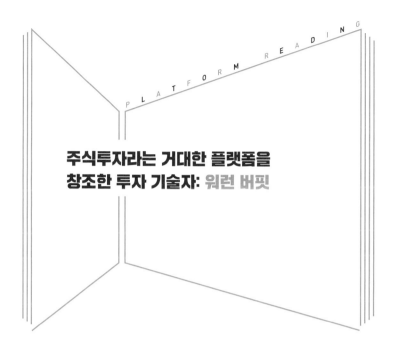

주식투자라는 거대한 플랫폼을
창조한 투자 기술자: 워런 버핏

워런 버핏은 사실 연구하기가 가장 힘든 대상이었다. 그는 타고난 천재로 생각해야 하기 때문이다. 그의 평전을 읽어보면, 그가 여덟 살 때 이미 아버지의 서가에 꽂혀 있던 주식책을 읽었음을 알 수 있다.

그는 열 살 무렵에는 지역 도서관에 있는 웬만한 투자 관련 서적을 두루 섭렵했고, 열여섯 살 때는 미국에 존재하는 투자 관련 서적을 거의 대부분 읽었다고 할 정도가 되었다.

그는 열한 살 때 다양한 주식 투자 관련 서적을 읽다가 드디어 빛과 같은 책인 벤저민 그레이엄Benjamin Graham의 《증권분석Security Analysis》을 만나게 되었고, 이 책은 그의 인생에 매우 큰 영향을 주었다.

한창 뛰어놀고 장난감을 좋아할 나이인 여덟 살에 그토록 재미없고 어렵기까지 한 주식·투자 관련 책을 읽는다는 것은 대단히 놀라운 일이다. 한국의 경우로 보면 초등학교 1학년 아이가 성인용 주식 투자 관련서를 자기가 좋아서 자발적으로 읽었다는 것이고, 초등학교 3학년 때는 예컨대 송파도서관에 있는 투자 관련 서적은 거의 다 섭렵했다는 이야기다.

그가 이렇게 독서를 잘하고, 독서량도 월등히 뛰어난 이유는 무엇일까?

먼저, 간과해서는 안 되는 팩트가 하나 있다. 워런 버핏은 당시에 수학 관련 도서는 물론이고 문학 책도 두루 섭렵했다는 사실이다. 버핏의 초등학교 2학년 담임선생님 마리 메드슨은《워런 버핏 평전 1Of Permanent Value: the story of Warren Buffett》에서 이런 사실을 정확히 서술한 바 있다.

워런 버핏이 어린 나이에 다양한 분야의 책을 섭렵함으로써 어
떤 일이 벌어졌을까? 토머스 에디슨, 다산 정약용, 벤저민 프랭클
린처럼 이전에는 세상에 없던 것들을 만들어내고 개발하고 융합
했다. 그는 투자를 전업으로 하고 있지만, 개발자의 면모, 창조가
의 면모를 어릴 때부터 보여주었다.

로즈힐초등학교에 다닐 때 그는 이미 다양한 분야의 책을 두루
섭렵하여 놀라운 지식과 아이디어를 축적했고, 그것들을 연결하
고 융합하여 남들이 하지 않았고 하지 못했던 것을 해내는 사람
이 되었다.

그는 웬만한 어른도 하기 힘든 경마 관련 정보지를 출간하는 1인
출판을 시작했다. 이뿐만 아니라 친구들과 함께 수학과 경마, 투
자 관련 지식을 연결하여 경마에서 어떤 말이 승리할지 예측하는
시스템을 개발해냈다.

그가 잘하는 것은 새로운 지식을 만들거나 소유하는 것이 아니
라, 여러 아이디어와 정보를 연결하고 융합하여 새로운 시스템,

즉 플랫폼을 만드는 것이었다.

그는 기술을 소유하지도 않았고, 회사를 가지고 있지도 않았고, 자본도 없었다. 그러나 다양한 회사들과 기술력, 자본력, 또 다른 많은 요소를 연결하여 투자라는 거대한 플랫폼을 구축했고, 일단 투자 플랫폼이 구축되자 세상에서 가장 현명한 투자의 방법과 원칙이 새롭게 탄생했던 것이다. 그는 그저 그 방법과 원칙대로 투자를 했을 뿐이다.

워런 버핏은 한 글자도 빼놓지 않고 모조리 읽었다고 한다. 주식중개인들이 만든 보고서 같은 건 말고, 오직 '미가공 데이터'에 집중했다. "정말 흥미진진한 데이터였죠" 같은 그의 말을 통해 그가 미가공 데이터에 열광했음을 알 수 있다. 그 자료들로 그는 캔자스시티생명보험과 웨스턴보험증권이 각각 3배와 1배의 수익을 올리고 있다는 사실도 알아냈다.

그는 가공되지 않은 생生데이터를 너무나 좋아했다. 그런 데이터를 융합하여 플랫폼을 구축하면 이전에는 아무도 몰랐던 새로운 사실을 스스로 발견하게 되기 때문이다. 그래서 버핏은 어떤 회사가 수익을 몇 배나 올리고 있는지 빅데이터를 생성하는 데 누구보다 뛰어났다.

워런 버핏이 열여섯 살이라는 어린 나이에 투자 관련 서적을 모조리 읽어낸 비결은 그가 플랫폼 리더였기 때문이다. 그는 플랫폼 리더들의 가장 큰 특징인 연결하고 융합하여 새로운 시스템과 플랫폼을 구축하고 빅데이터를 생성하는 데 누구보다 뛰어난 대가였다.

 많은 이가 워런 버핏의 독서 습관 중에 가장 중요하게 생각하는 것이 '집중 독서'다. 그러나 집중 독서라는 말로 그의 독서 습관과 유형을 설명하기에는 한없이 부족하다.
 집중 독서는 관심 있는 분야를 선택해서 집중적으로 읽는 방식인데, 이것은 버핏의 독서에 대한 표면적인 설명에 불과하다. 빙산의 일각이 아닌 그의 독서 몸체는 바로 '플랫폼 리딩'이었다.
 한 가지 주제를 선정하고 그 주제와 관련된 책을 다양하게 읽으면서 집중 독서를 하는 데 그치는 것이 아니라, 버핏은 책을 읽으면서 얻은 지식과 정보, 데이터와 아이디어를 끊임없이 연결하고 융합하여 하나의 거대한 시스템, 플랫폼, 투자의 원칙과 방법을 만들어내는 데 집중했다.
 사람들은 그가 투자 관련 서적만 읽었을 것이라고 어림짐작하지만 그 이전에 벌써 그는 문학과 수학을 비롯해 다방면의 책을 두루 읽었던 책벌레였다.
 읽기만 하고 단편적인 지식으로 머릿속에 담아두는 보통의 독

자와 달리, 그는 이미 초등학교 시절에 여러 지식과 정보를 연결
하고 구축하여 경마에서 승리할 말이 어떤 말인지 예측하는 시스
템을 개발한 시스템 개발자, 플랫폼 구축자였다는 사실을 잊어서
는 안 될 것이다.

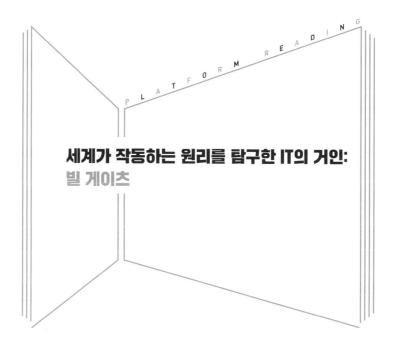

세계가 작동하는 원리를 탐구한 IT의 거인:
빌 게이츠

빌 게이츠의 부모는 자신의 자녀들이 어렸을 때부터 많은 책을 읽고 스스로 사고하도록 격려했다. 덕분에 빌 게이츠는 어릴 때부터 많은 책을 읽는 책벌레였다. 그러나 그것만이 전부는 아니다.

게이츠가 책을 좋아하고 엄청난 독서를 한 이유는 '이 세계가 작동하는 원리에 대해서 더 배우고 싶었기 때문'이다. 그는 소설을 그다지 좋아하지 않았고, 즐겨 읽은 책은 대부분 논픽션이었다. 특히 그는 세계백과사전을 탐독한 인물 중 한 명이다.

그는 백과사전을 그저 좋아한 것이 아니라 엄청나게 즐겨 읽었다. 그의 부모가 그렇게 백과사전을 즐겨보는 아이는 처음 봤다고 할 정도였다.

그가 책을 읽고 늘 책의 내용을 뛰어넘어 새로운 가치와 아이디어를 창출하는 플랫폼 리딩을 했음을 여러 사례를 통해 알 수 있다.

빌 게이츠가 마을 도서관의 책을 거의 다 읽을 수 있었던 이유는 무엇이었을까? 왕성한 호기심 때문이라고 한다면 너무 뻔한 답이다. 많은 이가 왕성한 호기심을 가지고 있다. 그러나 그처럼 도서관을 통째로 다 읽을 수도 없고, 읽지도 못한다. 그렇다면 그 비결은 무엇일까?

빌 게이츠는 남들에게 없던 능력을 배우고 익힐 기회를 스스로 만들었는데, 그 남다른 능력은 바로 책을 분류하고 정리하는 법이었다.

빌 게이츠는 초등학교 4학년 때 도서관에서 정식 사서 못지 않은 실력으로 일을 했다. 그가 그렇게 할 수 있었던 것은 사서 선생님이 그에게 방대한 양의 책을 분류하고 정리하는 법을 가르쳐주었기 때문이다. 게이츠는 또래 아이들이 전혀 배운 적도 없고, 배우려고도 하지 않는, 방대한 양의 책을 분류하고 정리하는 법을 어린 나이에 배우고, 누구보다 일찍 도서관에 나와 그 일을 야무지게 했다고 한다.

하이퍼 퀀텀 리딩(플랫폼 독서의 다른 말)에서 중요한 점은 많은 양의 책을 동시에 연속으로 읽으면서 얼마나 잘 분류하고 정리할 수 있느냐 하는 능력이다. 이런 능력이 뛰어난 사람들의 공통점은 자신의 것이 아니더라도, 거인의 어깨를 빌려 더 높은 곳까지 올라간다는 것이다.

실제로 게이츠는 거인 기업인 IBM과 협력할 수 있었고, 거대한 인텔Intel과도 연합할 수 있었기 때문에 마이크로소프트Microsoft를 그렇게 빨리 도약시킬 수 있었다. 그는 이미 독서에도 거인의 어깨 위에서 하는 원리를 스스로 터득하고 적극 활용했던 것이다.

거인의 어깨를 빌리는 독서가 바로 플랫폼 리딩이다. 에베레스트 등산가들이 새로운 베이스캠프라는 좋은 플랫폼을 구축하게 되자 정복자가 1년에 수백 명 늘어난 것처럼, 거인의 어깨라는 강력한 플랫폼을 구축한 게이츠는 일 년에 수천 권 이상의 독서가 가능했을 것이다.

기존의 독서 방식이라는 틀을 깨기 위해서 가장 중요한 작용을 했던 것은 도서관 활동으로 보인다. 친구들이 한 권 한 권 독서를 할 때 빌 게이츠는 수많은 책을 분류하고 정리하는 능력을 가지게 되었고, 책들을 분류하면서 자연스레 연결하고 통합하고 공유하고 플랫폼을 구축하는 독서 기술을 습득하게 되었던 것이다.

많은 플랫폼 리더가 책을 쓴 이유는 자신이 구축한 플랫폼을 통해 방대한 양의 독서를 하게 되면, 그것이 전부 사라지는 것이 아니라 고스란히 자신의 내공과 실력이 되기 때문이다. 게이츠도 예외는 아니다. 그도 일찌감치 책을 여러 권 썼다. 그는 이미 생애 중반에 《미래로 가는 길The Road Ahead》, 《빌 게이츠@생각의 속도Business @ the Speed of Thought》를 집필하여, 미래와 비즈니스에 대한 자신만의 통찰을 피력했다.

빌 게이츠가 사업, 인생, 미래에 대해 뛰어난 통찰을 발휘할 수 있었던 이유는 전통적인 파이프라인식 독서가 아닌 연결하고 융합하는 플랫폼식 독서를 해왔기 때문이다.

빌 게이츠 역시 자신의 성공에 독서가 절대적인 역할을 했다고 말했지만, 더 중요한 사실은 얼마나 효과적인 독서를 하느냐다. 그는 정말 효과적이며 통찰력이 생기는 독서를 했던 플랫폼 리더이다.

백과사전 속에서 미래를 본 발명가:
일론 머스크

남아프리카공화국 출신의 미국 기업가이자 발명가, 혁신가인 일론 머스크에게 온라인 최대 커뮤니티 사이트인 레딧Reddit에서 유저 중 한 명이 직접 이런 질문을 했다고 한다.

"당신은 거의 모든 분야에 정통한 것 같아요. 어떻게 그렇게 빨리 배우나요? 비결이 뭔가요?"

머스크는 이렇게 대답했다.

"'의미의 나무'를 활용하는 것이 중요합니다. 몸통이 되는 기본 원칙을 이해한 후 큰 가지를 만들고, 그다음에 나뭇잎으로 가야 합니다. 그렇지 않으면 끝까지 매달려 있는 나뭇잎은 하나도 없을 것입니다."

그가 말하는 의미의 나무는 플랫폼 리딩에서 이야기하는 플랫폼과 맥락이 일치한다. 그는 플랫폼을 구축한 후, 그 플랫폼을 활용해서 새로운 기술과 아이디어를 계속 만들어간다.

애슐리 반스Ashlee Vance의 《일론 머스크, 미래의 설계자Elon Musk》 속에서 그는 한 마디로 하워드 휴즈Howard Hughes보다는 아이디어 생성 기술과 방법이 토머스 에디슨과 훨씬 더 비슷하다. 머스크는 거대한 아이디어를 토대로 하여 아무도 상상하지 못하는 제품을 만들 능력을 갖춘 발명가인 동시에, 명성이 자자한 사업가이자 기업가다. 미국인은 그의 발명과 사업 덕에 10년 안에 태양열로 가동되는 충전소 수천 군데가 있고 전기 자동차가 오가는 교통 체계를 갖춘 세상에서 살 수 있게 될 것이다.

머스크는 어린 시절부터 독서광이었다. 그의 동생 킴벌은 형이 하루에 보통 열 시간씩 독서를 했다고 말한다. 주말이면 하루에 두 권도 독파해버린다고 했다. 가족 쇼핑을 가도 머스크는 늘 사라져 서점 구석에 숨어서 정신없이 책을 읽곤 했다고 한다.

머스크는 오후 2시에 수업이 끝나자마자 곧바로 서점에 달려가서 부모님이 귀가하는 시간까지 다양한 분야의 책을 읽었다. 그래서 이따금씩 서점에서 쫓겨날 때도 있었다. 그는 초등학교 4학년 때 이미 학교 도서관과 마을 도서관에 있는 책을 거의 다 읽어버렸다. 도서관 사서에게 책을 더 구입해달라고 조르기도 했다. 더 읽을 것이 없자 결국 《브리태니커 백과사전 Encyclopaedia Britannica》을 읽기 시작했는데, 정말 재미있고 유익하다는 것을 알게 되었다.

보통의 독자에게는 백과사전이 답을 주는 책이다. 그러나 머스크 같은 플랫폼 리더에게 백과사전은 오히려 정반대로 몰랐던 것을 발견해 새로운 답을 찾도록 해주는 시발점이 된다.

"어떤 질문을 던져야 하는지 더 잘 알려면 생각의 범위를 넓혀야 한다는 결론에 도달한다."

그의 말처럼 그는 해결해야 할 주제나 문제, 질문을 던지는 것에 더 큰 관심이 있었고, 관심만 있던 것이 아니라 어떻게 해야 그것을 더 잘할 수 있는지도 이미 알고 있었던 것 같다.

학교에서도 가정에서도 외톨이였던 그에게 독서는 최고의 친구이자 가족이었다. 이혼율이 17퍼센트로 매우 낮았던 남아공에서 그의 부모는 그가 열 살 되던 해에 이혼을 하고, 머스크는 아버지와 살았다.

많은 플랫폼 리더가 발명가이자 개발자였던 것처럼 일론 머스크도 이미 열세 살에 자기 손으로 직접 게임을 만드는 개발자였다. 다양한 지식과 아이디어를 결합할 줄 알았기 때문에 그는 미국의 항공우주국보다 훨씬 적은 비용으로 우주로 로켓을 쏘아 올릴 수 있었고, 고성능 스포츠카보다 더 빠른 전기자동차를 만들 수 있었다.

기존의 독서 프레임에 갇힌 독서를 했다면 그는 이런 성공을 거두지 못했을지도 모른다. 그러나 그는 프레임을 뛰어넘는 독서, 틀을 깨는 독서를 했다. 독서를 위한 독서가 아닌 문제를 발견하고 그 문제를 해결하기 위한 독서를 했다. 그 결과 혁신적인 아이디어로 부를 축적할 수 있었고, 보통 사람이라면 상상도 못할 다양한 도전을 하는 혁신의 아이콘이 되었다.

지식 융합을 실천한 플랫폼 리딩의
진정한 대가: 다산 정약용

플랫폼 리딩의 진정한 대가는 다산 정약용이다. 이렇게 말하는 근거는 너무나 많다. 그는 한 사람이 베껴 쓰는 데만도 10년은 족히 걸릴 방대한 지식 편집과 지식 재창조, 지식 재구성, 지식 융합의 작업을 해냈다. 18년이라는 짧은 기간 동안 500여 권의 학문적 저술이라는 위대한 지식 재창조는 역사 이래 아무도 해낸 적이 없는 엄청난 성과다.

플랫폼 리더들의 대표적 특징인 개발자, 혁신가, 발명가, 저술가, 창조적 엔지니어의 면모는 당연하고 특히 그는 저술 분야에서 최고의 성과를 창출한 '콘텐츠 크리에이터'라고 할 수 있다.

그러한 성과는 전부 이전에 다른 책에 있던 많은 지식을 연결하고 융합하고 구축하여, 재편집하고 재창조하는 '플랫폼'의 원리와 맥락을 같이한다. 쓰레기 지식 형태로 넘치는 정보를 연결하고 재창조하기 위해 가장 필요한 능력은 분류하고 정리하는 능력이다. 이런 능력의 기초 체력이 되는 비결이 바로 초서 독서법이다.

초서 독서법은 플랫폼 리딩을 하는 데 매우 유리하며 큰 도움이 되는 독서법이다. 그러나 초서 독서법이 플랫폼 리딩은 아니다. 다산만이 가지고 있었던 새로운 플랫폼은 어떤 것이었을까?

다산은 먼저 뜻을 정했다. 뜻을 정하지 않고는 독서를 시작하지 않았다. 그것이 바로 해결해야 할 문제 혹은 한 단계 더 끌어올리고 싶었던 사회 문제와 이슈들이었다. 일단 뜻을 정한 후 다산은 방대한 책의 많은 지식과 정보를 초서 독서를 통해 모두 기록했다.

기록한 후에는 정보와 지식을 연결 · 분류 · 융합하면서 거대한 지식의 조직체를 만들었다. 이것이 바로 다산이 만든 새로운 플랫폼이었다.

그가 어느 지식인도 해낸 적이 없는 탁월한 지식편집가, 전방위적 지식경영가가 될 수 있었던 것은 자기만의 탁월한 플랫폼을 구축하는 데 성공했던 유일한 사람이었기 때문이다. 그런 탁월한 성공에 초서 독서법도 한몫 단단히 했다고 나는 생각한다.

500년 조선 역사 중에 날고 뛴다는 위대한 독서가들은 다산을 제외하고도 수도 없이 많다. 그러나 이 많은 독서가 중에 유독 초서 독서법을 언급하고, 강조하고 자신의 독서에 활용했던 유일한 독서가가 다산이었다. 심지어 그는 두 아들에게도 끊임없이 초서 독서법을 실천할 것을 강조했다.

다산이 플랫폼 리딩의 대가라는 사실을 절대 부인할 수 없는 여러 가지 사례가 있다. 그중에 하나는 《천자문千字文》이다. 기존의 《천자문》은 '천지현황天地玄黃'으로 시작한다. 그러나 이것은 플랫폼 리딩으로 읽으면, 곧바로 해체하여 재창조되어야 할 필요성이 보인다. 다산은 비슷한 것끼리 다시 연결하고 융합하여 새로운 《천자문》을 만들었다. 그것은 '천지부모天地父母'로 시작한다.

다산의 독서는 언제나 해결해야 할 문제를 발견하고, 그것을 해결하는 솔루션의 총합, 즉 플랫폼을 구축하는 독서였다.

그에게 최고의 저술은 무엇이었을까? 《주역周易》을 새롭게 융합하여 재구성한 《주역사전周易四箋》과 《상례사전喪禮四箋》이다.

"이 두 책을 전습해갈 수만 있다면 나머지 책은 없애버려도 좋다"라고 말할 정도였다.

중국 최고最古의 경전《주역》은 아무나 읽을 수도 없고, 이해하는 것도 힘들지만 그것을 해석하여 하나의 책으로 쓴다는 것은 조선 시대 그 많은 선비 중 아무도 도전하지 못한 일이다. 그것은 하나의 학문을 만드는 것보다 더 어려운 일이다. 그런데 다산은 이에 도전하여, 동양에서 최초로《주역》이란 바다를 기호로 해석하여 성공적으로 건넌 유일한 조선 선비가 되었다.

《주역》의 해석이라는 하나의 해결해야 할 문제에 대해서 다산은 플랫폼 리딩 기술을 사용했다. 그는 먼저 문제를 정하고, 솔루션의 총합과 같은 플랫폼을 구축하기 위해 노력했다. 그 결과 에베레스트의 베이스캠프와 같은 플랫폼인 '효변爻變의 발견'을 구축하게 되었던 것이다.

일단 구축이 되자, 그 후로는 더 이상 해석에 대한 의심이 없어지고, 통하지 않는 곳이 없게 되었다. 하나의 플랫폼이 완성되자 그 다음의 해석법은 봇물 터지듯 이어 나왔다고 한다. 그것이 바로 추이推移, 효변, 호체互體, 물상物象이라는 네 가지 해석 방법이며,《주역사전》의 사전四箋이란 이 네 가지 핵심 원리를 가리킨다.

정약용이 쓴 〈두 아들에게 답함〉이란 편지에서 독서법의 효과와 방법에 대한 개괄적인 소개를 찾아볼 수 있다.

> 초서의 방법은 먼저 자신의 생각을 정리한 후 그 생각을 기준으로 취할 것은 취하고 버릴 것은 버려야 취사선택이 가능하다. 어느 정도 자신의 견해가 성립된 후 선택하고 싶은 문장과 견해는 뽑아서 따로 필기해 간추려놓아야 한다. 그런 식으로 책 한 권을 읽더라도 자신의 공부에 도움이 되는 것은 뽑아서 적어 보관하고, 그렇지 않은 것은 재빨리 넘어가야 한다. 이렇게 독서하면 백 권이라도 열흘이면 다 읽을 수 있고, 자신의 것으로 삼을 수 있다.

여기에 플랫폼 리딩의 기술에 대한 소개가 나온다. 먼저 자신의 생각을 확립하라는 것은, 무턱대고 책을 읽지 말고 '해결해야 할 문제', '내가 독서하는 주제', '알고자 하는, 해결하고자 하는 사건'을 확립한 후에, 비로소 취사선택을 하면서 가려 뽑아 나의 글로 정리를 하라는 것이다. 여기서 주의할 점은 해결해야 할 문제와 주제에 보탬이 될 것이 없는 부분은 눈길도 주지 말아야 한다는 점이다.

다산은 목표나 주제가 없는 독서, 독서를 위한 독서는 절대 하지 말라고 당부한다.

모름지기 강구하고 고찰해서 그 정밀한 뜻을 얻어야 한다. 생각날 때마다 즉시 기록해야만 실제로 얻는 바가 있다. 진실로 소리 내서 읽기만 하면 또한 아무 이득이 없다.

정약용, 〈반산 정수칠에게 주는 말爲盤山丁修七贈言〉

플랫폼 리딩의 중요한 원리가 담겨 있는 그의 편지를 만날 수 있다. 다산은 이미 플랫폼 구축 독서를 실천했던 독서 천재였다.

무릇 독서란 매번 한 글자라도 뜻이 분명치 않은 곳과 만나면 모름지기 널리 고증하고 자세히 살펴 그 근원을 얻어야 한다. 그러고 나서 차례차례 설명하여 글로 짓는 것을 날마다 일과로 삼아라. 이렇게 하면 한 종류의 책을 읽어도 겉으로 백 종류의 책을 함께 들여다보게 될 뿐 아니라 본래 읽던 책의 의미도 분명하게 꿰뚫어 알 수가 있다. 이 점을 알아두지 않으면 안 된다. 예를 들어《사기史記》의〈자객열전刺客列傳〉을 읽는다고 치자. '조祖를 마치고 길에 올랐다'라는 한 구절을 보고 '조가 뭡니까?' 하고 물으면 선생님은 '전별할 때 지내는 제사다'라고 하실 것이다. '하필 할아버지 조자를 쓰는 것은 어째서인가요?'라고 물으면 선생님은 '잘 모르겠다'고 하시겠지.

그런 뒤에 집에 돌아오거든 사전을 뽑아다가 조 자의 본래 의미를 살펴보아라. 또 사전을 바탕으로 다른 책으로 옮겨가 그 풀이와 해석을 살펴, 뿌리를 캐고 지엽을 모아라. 또 《통전通典》이나 《통지通志》, 《통고通考》 등의 책에서 조제祖祭를 지내는 예법을 찾아보고, 한데 모아 차례를 매겨 책을 만든다면 길이 남는 책이 될 것이다.

이렇게만 한다면 전에는 한 가지 사물도 모르던 네가 이날부터는 조제의 내력을 훤히 꿰는 사람이 될 것이다.

정약용, 〈둘째에게 부침〉

'해결해야 할 문제'는 처음에 만들어야 한다. 그러나 책을 읽으면서도 중간에 여러 가지의 '해결해야 할 주제', '알고 싶은 주제'가 생겨날 수 있다. 여러 책을 연결하면서 하나의 주제인 조례에 대한 내용들을 가려 뽑아, 뿌리를 캐고, 지엽을 모으고, 또 다른 책을 읽어 그 주제와 관련된 내용을 모아, 그 모든 기록을 하나의 플랫폼으로 구축하여 새로운 지식, 통합된 조례에 대한 책을 만든다면 그것은 멋진 하나의 저술이 될 것이라고 그는 말한다.

플랫폼 리더들의 큰 특징인 발명가, 개발자, 혁신가, 엔지니어로서의 면모를 다산 정약용도 보여준다. 그는 정조의 명을 받아 '기중도설起重圖說'이라는 거중기를 만들어, 수원화성 축조의 기간을 크게 단축시켰다. 수원화성의 구체적인 건축 방법과 도시의 기본 틀을 연구하여 〈성설城說〉이라는 보고서를 완성해 정조에게 바쳤고, 돌과 함께 벽돌을 처음으로 사용함으로써 공사 기간과 노동력을 대폭 줄일 수 있었다. 10년이 걸릴 공사를 2년 9개월 만에 끝낸 것은 모두 다산의 공이었다.

독서 이야기로 다시 돌아와, 다산은 《시경강의서》라는 책에서 이렇게 말했다.

> 독서는 뜻을 구하기 위해서 해야 한다. 만약 뜻을 찾지 못하고 이해하지 못했다면 비록 하루에 천 권을 읽는다고 해도 그것은 담벼락을 마주하는 것과 진배없다.

의미 없이, 목표도 없이, 무작정하는 것이 아니라 뜻을 구하기 위해서 독서를 해야 한다는 사실을 강조한다. 주제나 해결해야 할 문제, 즉 목표를 정한 후에 그 목표를 달성하기 위해서 독서를 해야 한다는 사실을 말하는 것이다.

"독서를 하려면 반드시 먼저 근본을 확립해야 한다."

반드시 먼저 목표를 설정해야 한다는 말이다. 이것은 플랫폼 리딩의 1단계에 해당한다.

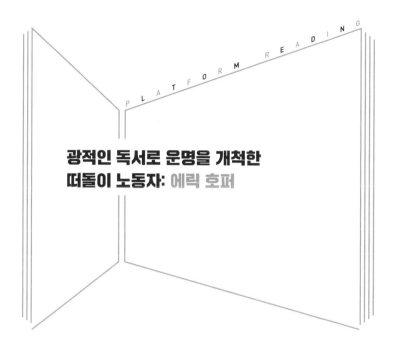

광적인 독서로 운명을 개척한
떠돌이 노동자: 에릭 호퍼

정규 교육도 받지 못한 채 평생을 떠돌이 노동자 생활로 일관했던 에릭 호퍼는 최악의 환경에서 어떻게 독서만으로 위대한 사상가의 반열에 오를 수 있었던 것일까?

그의 인생에는 평범한 이들이 당연하게 누렸던 시간적 · 경제적 여유도 주어지지 않았다. 그가 독서에 열중할 수 있었던 물리적인 총 시간은 평범한 사람들보다 훨씬 더 적었다.

가장 중요한 시기였던 7세부터 15세까지 단 한 권의 책도 온전히 읽을 수 없는 맹인의 처지였고, 그 후에는 일정 기간을 제외하고는 평생 고된 부두 노동자의 삶을 살았기 때문이다. 그럼에도 그는 오직 독서만으로 인생을 바꾸고 세계적인 사상가로 도약한 위대한 인물이다.

그의 남다른 독서 비결은 무엇일까? 남들보다 더 적은 독서 시간으로 남들보다 훨씬 큰 지적 도약을 이뤄낸 비결은 바로 그 역시도 플랫폼 독서의 대가였다는 것이다.

그는 독일계 이민자로 뉴욕에서 태어났다. 그러나 어린 나이에 어머니를 잃고, 7세 때 시력을 잃고, 18세 때 아버지마저 잃고 고아가 된다.

불행 중 다행으로 15세 때 기적적으로 시력이 회복되었으나 정규 교육 기간을 놓친 그에게 학벌이란 하나도 없었다. 교육을 받지 못하고 물려받은 재산도 없었던 그는 굶어야 했고, 행상, 웨이터, 부두 노동자 등 미국 전역을 떠돌며 하루 벌어 하루 먹고사는 떠돌이 노동자 생활을 하게 된다.

그런 최악의 환경 속에서 교육도 받지 못한 그가 47년 후 캘리포니아대학교에서 정치학 강의를 하는 교수가 되었고, 미국 대통령의 자유훈장을 수여받는 눈부신 성과를 거두며, 거리의 철학자, 부두 노동자로 세계적으로 유명한 작가이자 철학가가 되었다.

교육을 하나도 못 받았던 그가 그 최악의 조건 속에서 삶을 바꿀 수 있었던 비결은 바로 '플랫폼 독서'였다.

하루 종일 시간 여유가 넘치는 사람이거나 부자였다면 충분히 이해할 수 있다. 밥만 먹고 책만 읽었다면 가능할지도 모른다. 그러나 그는 가난했고, 종일 고된 노동을 해야 하는 노동자였다. 그가 책을 읽을 시간이 상대적으로 매우 부족했다는 점과 육체노동으로 몸은 너무나 피곤한 상태였을 것이라는 점을 우리는 간과해서는 안 된다.

더 중요한 사실은 그가 초등 교육도 받지 못한 상태였기 때문에 차원 높은 독서는 불가능했을 것이라는 점이다.

그는 엄청난 독서를 할 물리적 시간도 없었고, 지적인 수준도 되지 않았다. 그런 그가 어마어마한 양의 독서를 하고, 양적 팽창과 함께 지적 도약을 이룰 수 있었던 비결은 플랫폼 리딩이라고 나는 생각한다.

그의 독서 비밀을 우연히 나는 그가 쓴 명저인《길 위의 철학자 Truth Imagined》라는 책에서 발견했다.

앞에서도 언급했듯이 플랫폼 독서법에서 중요한 점은 많은 양의 책을 동시에 혹은 연속으로 읽으면서 얼마나 잘 분류하고 정리할 수 있느냐 하는 능력이다.

앞서 빌 게이츠가 초등학교 4학년 때 도서관에서 사서 보조로 일을 하며 다른 아이들은 접할 수 없었던 방대한 책들을 주제별로 분류하는 경험과 능력을 기를 수 있었다는 점을 이야기했다.

놀라운 사실은 에릭 호퍼 역시 어릴 때 이런 환경에 노출되었다는 점이다. 나는 이런 사실을 《길 위의 철학자》에서 발견하고 전율을 느꼈다.

플랫폼 독서법의 대가들에게 꼭 필요한 능력은 방대한 양의 책들을 주제에 맞게 잘 연결하고 지식을 융합하기 위해 먼저 내용과 주제별로 분류해 낼 수 있는 능력인데 에릭 호퍼는 아주 어렸을 때 책을 분류하는 경험과 능력을 기를 수 있는 환경에 노출되었던 것이다.

책 《길 위의 철학자》의 가장 첫 장에 보면 그의 어머니가 어린 그를 벽장의 서가에 연결된 테이블 위에 자주 올려놓았다는 이야기가 나온다. 그곳에는 아버지의 영어와 독일어로 된 철학·수학·식물학·화학·음악·여행 분야의 책이 100권 정도 있었다. 어린 호퍼는 이 책들을 가지고 크기, 두께, 표지 색깔별로 분류하는 일에 흠뻑 빠졌다고 한다. 놀라운 사실은 그가 머잖아 내용에 따라 분류할 수 있게 되었다는 점이다.

대부분 아이는 한 권 한 권 읽고 이해하고 질문하고 생각한다. 그러나 장차 플랫폼 독서법의 대가가 되는 아이들은 그렇게 책을 읽지 않았다. 먼저 다양한 책을 분류하는 능력부터 길렀다. 플랫폼 독서가들은 주제를 넘나들며 책을 읽어야 직성이 풀린다. 그래야 분류할 수 있고, 분류해야 연결할 수 있고, 연결해야 플랫폼이라는 지식의 발전소를 제대로 구축할 수 있기 때문이다.

그가 막노동 중에도 틈날 때마다 수학·화학·물리학·지리학·문학·정치학 등 분야를 가리지 않고 독서를 하면서 반드시 했던 작업이 있었다. 자신만의 노트에 독서한 내용을 적고 기록하는 습관이었다.

이런 초서 습관 역시 플랫폼 독서의 대가들에게 쉽게 발견할 수 있는 특징 중 하나다.

그는 어떻게 플랫폼 리딩을 하게 되었을까? 바로 다양한 책을 분류하는 능력을 기를 수 있는 환경에 노출되었기 때문이라고 생각한다. 그는 7세 때 시력을 잃었다. 그래서 책도 읽지 못했고, 공부도 하지 못했다. 그러다가 기적적으로 15세 때 시력이 회복되었다.

호퍼는 또 언제 다시 시력을 잃게 될지 모르는 불안감 때문에 많은 책을 동시에 읽고 연결하고 융합하는 플랫폼 구축 독서를 하게 되었던 것이다.

분명한 사실은 원하는 지식을 얻을 수 있는 가장 빠른 방법인 플랫폼 독서법을 호퍼보다 더 절실하게 필요로 한 사람은 없었을 것이라는 점이다.

마치 시험공부를 하지 못한 친구들이 시험 직전에 노트와 교과서와 교재를 동시에 보는 그런 상황이었을 것이다. 에릭 호퍼는 그렇게 하면서 플랫폼 리딩의 기술을 익히게 되었고, 어렸을 때 다양한 책을 분류하는 능력을 길렀던 경험이 큰 역할을 했을 것이다. 그 결과 독서력과 독서량이 급상승하게 되어 시간 부족, 지식 부족이라는 삶의 약점을 충분히 극복해낸 것으로 보인다.

그의 별명이 '광적인 독서가'라는 사실을 잘 알고 있을 것이다. 무엇인가에 미친 사람들의 공통점은 무엇인가? 엄청나게 많은 양을 순식간에 소화한다는 점이다. 쇼핑에 미친 사람은 하루에 수천만 원 어치의 쇼핑을 하고, 작곡에 미친 사람은 하루에도 몇 곡씩 노래를 작곡한다. 책에 미친 사람들은 이성적인 보통의 독자들이 하는 느긋한 파이프라인식 독서를 절대 할 수 없다. 여러 권의 책을 동시에 읽으며 많은 양의 책을 빨리 먹어치운다. 나 역시 그런 사람 중에 하나였다.

여기서 우리는 또 한 가지 사실을 알게 된다. 평범한 독서가들은 독서에 미치지 않는데, 플랫폼 리더들은 왜 하나같이 독서광들일까?

다양한 책을 분류할 수 있는 능력을 갖추면, 즉 주제별로 방대한 양의 책을 분류하고 연결할 수 있는 수준으로 도약한 사람들은 보통 사람들과 다르게 순식간에 엄청난 양의 독서를 할 수 있게 되기 때문이다. 그 희열은 경험해본 사람만이 알 수 있다. 도서관을 통째로 읽을 수 있게 되고 백과사전 읽기가 게임보다 더 재미있어진다.

이런 플랫폼 독서법의 대가들에게 또 한 가지 공통점이 있다. 그것은 먹고사는 일보다 독서가 먼저라는 점이다. 그래서 플랫폼 독서법의 대가들은 지금 당장 굶어 죽어도 독서를 한다. 현실의 모든 걱정과 형편을 초월해 독서에 집중한다.

1920년, 열여덟 살 호퍼가 아버지를 잃었을 때로 되돌아 가보자. 아버지가 가구 제조공 조합원이었던 덕분에 조합을 통해 아버지의 장례를 치를 수 있었고, 호퍼의 손에는 위로금 300달러가 쥐어졌다.

그에게는 이제 가족도 집도 아무것도 없었고, 달랑 300달러가 전 재산이었다. 그때 문득 그의 머리에 스친 것은 아주 기막힌 생각이었다. 기후가 따뜻해서 평생 노숙을 해도 얼어죽지 않을 캘리

포니아로 가는 것이었다.

그는 평생을 길에서 길로 이동하며 떠돌이 노동자로서의 삶을 시작하게 된다. 그러나 첫 시작은 대담했다. 그는 가진 300달러를 다 쓸 때까지 시립도서관 근처에서 먹고 자면서 오직 책만 읽었던 것이다.

그 과정에서 깨달은 한 가지 교훈이 그를 평생 책을 읽고 공부하는 사람으로 만들었다. 인간은 계속해서 배워나가야 한다는 사실이었다.

교육을 통해 '배운 인간'이 되는 것이 주된 목표가 아니라, 진정한 교육의 목표는 '계속 배우는 인간'을 배출해야 한다는 것이다.

호퍼에게 진정으로 의미 있는 사회는 배우는 사회이고, 그 과정에서 가장 쉽고 정확한 도구는 독서다. 그러나 무턱대고 타인의 지혜를 배우고 습득해서는 안 된다고 그는 경계한다. 반드시 자신의 것으로 덧입히고 추가해야 한다는 플랫폼 리딩의 원리를 그는 문학적인 표현으로 이렇게 말한 바 있다.

다른 사람의 지혜는 우리 자신의 피로 덧쓰지 않는 한 무미건조한 것으로 남는다.

그는 독서만 한 것이 아니라 항상 사색을 함께했다. 그에게 사색은 자신이 지금까지 읽은 모든 책의 내용을 지금 막 읽었던 책의 내용에 연결하고 융합하고 구축하는, 그의 표현대로 하자면, '자신의 피로 덧쓰는 과정', 즉 아주 중요한 배움의 시간이었다.

자, 이제 당신 차례다. 당신도 플랫폼 독서를 시작해보는 것이 어떨까?

연결하는 자만이 살아남는 시대,
나만의 플랫폼을 만들어라

"이제 한 개인의 시대, 즉 군주론과 권력자의 시대는 끝났다! 이제는 모두가 연결된 대중들의 시대, 인공지능 초연결 사회가 시작되었다. 그러므로 독서든 사업이든 인생이든 무엇이든 끊임없이 공유하고 연결하여 거인의 어깨 위에서 할 수 있는 플랫폼을 구축하라. 과거에는 이동하는 자만이 살아남았지만, 이제는 연결하는 자만이 생존하는 초연결 시대다."

초연결된 대중은 어떻게 세상을 바꾸는지, 초연결된 대중들이 바꿔놓은 부와 권력의 시프트, 그로 인해 생겨난 새로운 뉴파워에 대한 책인《뉴파워: 새로운 권력의 탄생New Power》이란 책의 저자가 한 말이 아니다. 그가 한 말을 여러 다른 책을 읽고, 내 말로 가려 뽑아 그 책의 범위와 수준을 확장시켜 내가 만든 문장이다.

그렇다. 플랫폼 리딩의 파워는 이것이다.《뉴파워》의 저자 제러미 하이먼즈Jeremy Heimans는 자신의 책을 통해 "군주론의 시대는 끝났다! 이제 초연결된 대중들의 시대가 온다!"라고만 말했다. 그러나 나는 이 책을 개별적으로 읽고 내용을 100퍼센트 이해하고 습득하기를 거부하고, 이 책을 읽으면서 동시에 여러 가지 다른 비슷한 주제의 책을 읽었다.

이를테면, 초연결 시대에 미래시장을 선점하는 가장 확실한 방법을 알려주는《초연결The Future is Smart》, 4차 산업혁명 시대를 지배할 플랫폼 비즈니스의 모든 것을 알려주는《플랫폼 레볼루션Platform Revolution》, 구글, 아마존, 페이스북, 애플, 새로운 승자들의 성공 전략과 미래를 알려주는《플랫폼 제국의 미래The Four: The Hidden DNA of Amazon, Apple, Facebook, and Google》를 모두 함께 읽으면서 플랫폼을 구축한 결과 나온 말이다.

한 권의 책을 100퍼센트 이해하기 위해 집중해서 읽고, 그 속에 들어 있는 모든 지식과 정보를 습득하는 독서는 사실 힘들고 어렵고 지루하다. 뿐만 아니라 성과가 그 책 한 권의 범위로 한정된다.

나는 절대로 이런 독서를 할 수 없다. 특히 경제경영서라면 말이다. 지금까지 나는 재미없는 독서는 한 번도 한 적이 없다. 분야의 문제가 아니다.

철학책 중에서도 재미있는 책이 있고, 동양고전 중에서도 재미있는 책이 있고, 경제경영서 중에서도 재미있는 책이 있다. 반면에 자기계발서 중에도 재미없는 책이 있고, 에세이 중에서도 재미없는 책이 있다. 문제는 접근법이다.

다시 본론으로 돌아와서, 한 권의 책을 100퍼센트 이해하는 파이프라인식 독서는 하기 힘들고 재미도 없으며 고도의 집중력이 필요하다. 평범한 보통의 독자들은 더욱 하기 힘들다. 그러나 한 권이 아니라 여러 권을 동시에 연결해서 읽으면 각 책의 내용 중에 20~30퍼센트만 이해하고 건너뛰면서도 자유자재로 즐기며 유희적 독서를 할 수 있다.

이런 식의 독서를 한다고 해서 책을 온전히 읽지 않았다는 죄책감을 느낄 필요는 없다. 세상의 모든 책은 연결되어 있고, 우리는 그것을 최대한 활용해야 한다.

한 권의 책에서 100퍼센트를 이해하는 독서가 아니라, 10권의 책에서 각각 10퍼센트를 이해한 뒤 연관된 내용을 찾아서 연결하는 순간, 500퍼센트 이상의 이해력을 얻게 되고, 새로운 아이디어와 지식이 책 10권 수준의 총합을 뛰어넘어 폭발적으로 탄생할 것이다.

선택은 독자가 해야 한다. 플랫폼 리딩을 알았다고 이 방식만 따라 그대로 독서를 해서는 안 된다. 여기에 더 추가하여 당신만의 플랫폼 리딩을 만들어야 한다.

완벽한 독서법은 세상에 존재할 수 없고, 사람마다 조금씩은 다르다. 내가 하는 플랫폼 리딩과 당신이 하는 플랫폼 리딩은 따지고 보면 조금이라도 다른 구석이 있게 마련이다. 그 점을 명확히 하자.

결론은 여러 독서법을 참조하여 당신만의 새로운 플랫폼 리딩을 만들어야 한다는 것이다. 도서관을 통째로 읽었던 독서 천재들은 모두 그렇게 했다는 사실을 이 책을 통해 설명했다.

> 책을 읽는다는 것은, 많은 경우에, 자신의 미래를 만든다는 것과 같다.
>
> R. W. 에머슨 Ralph Waldo Emerson

여러 개의 주제를 동시에 읽는 버티컬 플랫폼 구축 독서를 한 플랫폼 리딩의 대가들은 다음과 같다.

 - 경영을 주제로 투자 플랫폼을 구축한 워런 버핏

– 삶을 주제로 철학 플랫폼을 구축한 에릭 호퍼

　– 비즈니스를 주제로 마케팅 플랫폼을 구축한 세스 고딘

　– 비즈니스를 주제로 경영 플랫폼을 구축한 피터 드러커

　– 세계를 주제로 미래학 플랫폼을 구축한 앨빈 토플러

　수많은 주제를 연결하여 천재로 도약한 백과사전식 커넥토 플 랫폼 구축을 한 플랫폼 리딩의 대가들은 다음과 같다.

　– 마이크로소프트의 창업자, 빌 게이츠

　– IT 혁신의 아이콘, 스티브 잡스

　– 천재 공학자이자 테슬라의 최고경영자, 일론 머스크

　다독을 통해 위대한 발명가로 도약하는 멀티 플랫폼 구축을 한 플랫폼 리딩의 대가들은 다음과 같다.

　– 다산 정약용

　– 토머스 에디슨

　– 벤저민 프랭클린

　– 레오나르도 다빈치

이들은 자신의 미래를 만든 것뿐만 아니라 인류의 미래도 함께 만든 위대한 독서 대가들이었다. 자, 이제 당신 차례다. 당신만의 강력한 무기가 될 만한 새로운 플랫폼 리딩을 만들어, 무궁무진한 책의 바다에서 원하는 목적지에 무사히 도착해야 한다. 행운을 빈다.

플랫폼 리딩을 위한
필수 독서법

"좋은 책을 읽는 것은
과거의 가장 훌륭한 사람들과 대화를 나누는 것과 같다."
— 데카르트René Descartes, 《방법서설Discours de la Méthodes》

1

눈이 아니라 뇌로 읽게 하는
전뇌 독서법:

퀀텀 독서법

퀀텀 리딩과 스킬은 실제로 3년에 1만 권이라는 방대한 양의 독서를 하는 과정을 통해 독서력이 도약한 나의 경험과, 독서 혁명 프로젝트 수강생들의 많은 경험을 토대로 만들어졌다.

모든 것을 이론으로만 설명하다 보면 탁상공론에 빠질 수 있다. 우리에게 필요한 것은 효과적인 독서법을 익히고 실제로 깊고 넓은 독서를 하는 것이다.

퀀텀 리딩 스킬에서 가장 중요한 원리 두 가지는 공감각과 초공간이다.

먼저 공감각 리딩 훈련법은 다양한 읽기 방법으로 뇌의 서로 다른 복합적인 감각을 깨워서 통합적으로 작동하게 하여 독서력을 극대화시키는, 잠자고 있던 다양한 독서 인자와 능력을 깨우는 훈련법이다.

퀀텀 리딩으로 배우게 될 다양하고 기상천외한 독서 스킬은 모두 우리가 거의 사용하지 않는 감각을 일깨우고, 자극시켜 활성화하는 데 그 의의가 있다.

왜 이런 스킬들이 효과가 있을까? 인간의 뇌는 다중감각적인 정보를 중심으로 설계되었기 때문이다. 내가 공감각 리딩 훈련법을 만든 이유이기도 하다. 하나보다는 여러 가지 감각을 동시에 사용해서 책을 읽거나 공부를 하면 훨씬 더 잘할 수 있다.

공감각 리딩 훈련법의 종류

- **우뇌 자극 스킬 훈련법**: 독서를 할 때 오른쪽 눈을 의도적으로 감고 왼쪽 눈으로만 5분 혹은 10분간 읽는다. 먼저, 오른쪽 눈으로만 한 페이지 전체를 본다. 5~10분 정도 봤다면, 이번에는 반대로 왼쪽 눈으로만 한 페이지 전체를 본다. 양쪽 눈의 느낌이 전혀 다를 것이다. 오른

쪽 눈은 초점이 정확히 잘 맞고 좁은 부분만 보인다. 반대로 왼쪽 눈은 초점이 잘 맞지 않지만, 넓은 부분을 볼 수 있다. 바로 이 차이를 독서에 이용하는 것이다.

- **45도 리딩 훈련법**: 책을 45도만 기울여도 세상이 기울어진 것 같은 느낌을 준다. 독서할 때 뇌의 활성화 상태가 매우 달라진다는 것을 알 수 있다. 45도로 책을 기울여 10분 정도 읽어보라.

- **90도 리딩 훈련법**: 45도가 익숙해지면 책을 아예 90도로 기울여서 읽어보라. 이렇게 책을 읽는 환경을 의도적으로 바꾸어서 뇌에서 잠자고 있는 다양한 독서 인자를 깨워야 한다. 물론 그 효과는 상당하다.

- **S.O.C. 리딩 훈련법**: 책을 90도 돌린 상태에서 읽다가 180도 → 270도 → 정상 → 다시 90도 각도로 돌리면서 읽는다. 각 사이클마다 5분씩 읽는다. 책의 각도를 전환시킴으로써 세로 독서, 가로 독서를 경험하고, 뇌의 고착화된 사고 흐름을 바꾸어 사고력을 변화하며, 무엇보다 우뇌를 활성화시킨다. 90도, 180도, 270도, 정상 등 다양한 각도에서 책 읽는 훈련을 통해 뇌의 고정된 사고 패턴에 변화와 자극을 주어, 새로운 시냅스를 형성하게 해주는 기초 근육을 길러준다.

인간의 뇌는 다중 감각 정보를 중심으로 설계되었다. 다중 감각 정보는 단일 감각 정보의 지각을 강화하거나 지각의 속도를 빠르게 하거나 인식의 깊이를 깊게 할 수도 있다.

바로 이런 이유로 오감 공부법이 유행했고, 실제로 많은 학생이 공부를 할 때 오감 공부법을 활용하고 있다. 공부할 때마다 초콜릿을 먹는 학생도 있고, 클래식을 들으면서 공부하는 학생도 있고, 심지어 향기로운 냄새를 맡으며 공부를 하면 더 잘된다고 하는 학생도 있다.

그런데 여기에 의문이 하나 있다. 퀀텀 리딩 스킬을 훈련한다고 초능력자도 아닌데, 어떻게 거짓말처럼 1페이지가 3주 만에 한눈에 읽히는 것일까? 나는 다음과 같은 결론을 내렸다.

우리가 읽는 책은 글자의 무의미한 나열이 아니라, 이미 약속된 수천만 번도 더 눈으로 읽고 보았던 의미 있고 익숙한 기호(글자)들의 나열이다.

무의미하고, 불규칙한 기호들의 나열은 한 번 보아서는 잘 이해할 수 없다. 아주 천천히 세밀하게 보아도 의미를 파악하는 데 많은 시간이 걸린다.

반면 책은 임의의 기호나 도형의 조합이 아니라, 이미 약속된 글자들로 이루어진 아주 훌륭한 조합이다. 그래서 책은 지금보다 훨씬 더 빨리 읽으면서도 충분히 이해할 수 있는 매체다.

우리는 다독을 하는 이유를 알아야 한다. 양적인 팽창이 있어야 그것을 바탕으로 어느 순간 질적인 도약을 이룰 수 있다. 그러려면 한 권의 책을 제대로 읽는 데 너무 많은 시간이 걸려서는 안 된다. 깊이 있게 읽으려면 너무 빨리 읽어서도 안 된다.

퀀텀 리딩은 절대로 빨리 읽는 독서 기술이 아니다. 독서 속도가 빨라지는 것은 부수적인 이득이다. 퀀텀 리딩의 목표는 뇌의 왜곡이다. 그렇다고 뇌를 속이는 것은 아니다. 다만 뇌를 왜곡해서 잘 읽게 만들어주는 데 있다. 뇌에서 잠자고 있는 독서 인자들을 깨워주고자 하는 것이다.

초공간 리딩 훈련법

독서 천재들은 모두 의식과 무의식을 통합하여 뇌의 능력을 극대화시킨 상태에서 독서를 했다. 그들은 오랜 독서 훈련을 통해 그런 경지에 올랐다. 그러나 일반인은 그런 경지에 오르기 힘들다.

평생을 노력한다고 해도 그런 경지에 오르기 힘들다. 그래서 퀀텀 독서법으로 누구나 3주만 훈련하면 그런 경지 바로 아래까지 도달할 수 있도록, 잠깐이라도 체험할 수 있도록 해주고자 한다.

독서 천재들은 우뇌의 활성화를 통해 무의식으로 읽기, 이미지로 보기, 통합 보기, 전체 보기, 주변 시야 보기에 능통하다. 우리도 이런 잠자고 있는 독서 인자들을 깨우고 훈련해야 한다. 그것이 바로 초공간 리딩 훈련법이다.

초공간 리딩 훈련법은 한마디로 뇌를 순간적으로 초공간 상태로 만들어, 독서력을 급격하게 높이는 훈련 스킬이다.

쉽게 말하면, 자동차의 1단 기어 상태를 5단 기어로 바꾸어 달리는 것과 같다. 많은 사람이 1단 기어 상태에서 최고 속도로 달릴 수 없다는 것을 알고, 2단이나 3단으로 변경을 한다. 독서도 마찬가지다. 평소 뇌의 상태에서 책을 읽으면, 속도나 이해력이 뒷받침될 수 없다.

그러나 초공간 상태로 만들어서 독서를 하면, 눈이 아니라 뇌가 책을 읽는 것 같은 느낌마저 들 정도로 독서 속도가 급격하게 달라진다. 이해는 그다음 문제다.

이해를 얼마나 깊이 하고 싶은가에 따라, 자신의 독서 속도가 분당 1만 자가 나오는 사람은 속도를 분당 5,000자로만 줄여도, 이해도는 급격하게 상승한다.

남들보다 빨리 읽을 수 있다는 것은 매우 중요한 일이다. 독서의 생명은 이해가 아니라 사고력이다. 독서의 속도와 이해는 수단일 뿐이다.

우리는 모두 평면적 사고 상태로 책을 읽는 것에 익숙해져 있다.

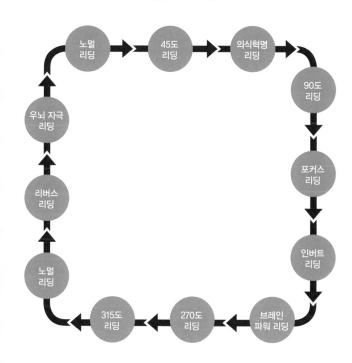

초공간 리딩 훈련법은 우리로 하여금 입체적 사고 상태로 전환한 후 독서를 할 수 있게 도움을 줄 것이다.

　퀀텀 독서법의 많은 스킬과 훈련법 중에 하나만 소개하고자 한다.

7단계: R.R 리딩 스킬

결론은 뇌를 바꾸어야 하는데 뇌를 바꾸는 간단한 독서 스킬이 바로 초공간 리딩 훈련 스킬이다. 초공간 리딩 훈련법 중에 7단계, 8단계 스킬이 특히 핵심이라고 할 수 있다.

7단계 스킬은 책을 그대로 잡고 오른쪽 마지막 줄부터 반대로 reverse 읽어 올라가는 방법으로 5분 이상 읽은 후 연속해서 왼쪽 첫 번째 줄부터 다시 제대로 읽는 훈련법이다.

8단계 스킬은 책을 거꾸로 뒤집어서 오른쪽 마지막 줄부터 한 줄씩 반대로 invert 5분 이상 읽고 나서 연이어 제대로 책을 놓고 한 줄 혹은 두세 줄, 가능하다면 대각선으로 읽는 훈련법이다.

나는 전자를 리버스 리딩 Reverse Reading 훈련법 혹은 RR 훈련법 (2R 훈련법)이라고 명칭을 붙였다. 그리고 후자는 인버트 리딩 Invert Reading 혹은 IR 훈련법이라고 명명했다. 뒤집어서 읽기 훈련법으로 이것이 바로 퀀텀 독서 스킬의 세 번째, 초공간 리딩 훈련법의 7단계와 8단계 훈련법이다.

여기서 주의할 점은 반드시 5분이나 10분 이상 책을 뒤집어서 한 줄씩 통으로 읽고 이해하는 훈련을 해야 한다는 것이다. 그렇게 일정 시간 이상 읽은 후에는 원래대로 책을 제대로 놓고 한 줄씩 혹은 두세 줄씩 통으로 읽어내려간다.

이렇게 독서를 하면 어떤 효과가 있을까? 뇌의 사고 패턴이 복합화된다. 비유클리드 기하학적 독서가 된다. 뇌의 비규칙적 사고가 강화되어 결국 뇌가 달라진다.

나중에 이 스킬들을 다 배운 후에 이런 사이클로 독서 훈련을 하면 마치 독서의 신이 된 것 같은 느낌마저 든다. 한마디로 재미있다. 재미있게 독서를 즐길 수 있다. 독서의 고수가 될수록 독서의 재미는 기하급수적으로 늘어난다.

명심하자. 책은 눈으로만 읽는 것이 아니라 뇌로 읽는 것이다. 뇌로 책의 내용을 고스란히 이동시켜야 한다. 우린 눈이 아닌 뇌로 세상을 본다는 것을 명심하자. 책도 그래야 한다.

아직도 눈으로 독서를 하는가? 뇌로 독서를 하면, 엄청나게 쉽고 빠르게, 깊고 넓게 독서를 할 수 있게 된다.

2

읽은 내용을 자신만의 콘텐츠로 구축하는 독서법:
초서 독서법

다산 정약용 선생은 초서 독서를 하면서 복잡하게 얽혀 있는 방대한 지식과 학문을 일목요연하게 정리하고, 새로운 지식으로 재창조해낸 온고지신溫故知新, 법고창신의 대가였다. 백성에게 이롭고, 국가 경영에 유익하고, 세상을 구할 이론이 담긴 500여 권의 책이 초서 독서법이라는 놀라운 기술을 통해 세상에 나오게 된 것이다. 온고지신, 법고창신 정신은 초서 독서법의 본질이다.

많은 사람이 독서할 때 옛것을 익히고 배우는 것에만 집중한다. 그러나 초서 독서법은 새로운 것을 발견하고, 읽는 이만의 지식과 견해, 주관을 만들어가는 것에 중점을 둔다. 바로 이런 점에서 초서 독서법의 탁월함이 드러난다.

이렇게 법고창신의 정신으로 초서 독서법을 통해 새로운 지식과 견해, 철학을 담아 자신의 책을 만들어낸 대표적인 인물로 다산과 함께 마키아벨리를 들 수 있다. 근대 정치철학의 아버지라 불리는 마키아벨리의 대표작《로마사 논고Discorsi sopra la prima Deca di Tito Livio》와《군주론Il Principe》은 그가 초서 독서를 한 결과물이다.

그는 리비우스Titus Livius의《로마사Ab Urbe Condita Libri》를 읽고 새로운 책《로마사 논고》를 써냈고, 매일 밤 수많은 고전을 읽고 대화를 나눈 뒤 그 내용들을 요약해서《군주론》이란 위대한 저작을 탄생시켰다.

초서 독서법의 원리는 바로 이것이다. 오직 읽기만 하는 바보에서 벗어나 읽고 나서 반드시 새로운 무언가를 창조하는 것, 이것이 바로 초서 독서법이다.

초서하는 방법은 반드시 먼저 자기의 뜻을 정해 만들 책의 규모와 편목을 세운 뒤에 남의 책에서 간추려내야 맥락이 묘미가 있게 된다. 만약 그 규모와 목차 외에도 꼭 뽑아야 할 곳이 있을 때는 별도로 책을 만들어 좋은 것이 있을 때마다 기록해 넣어야만 힘을 얻을 곳이 있게 된다. 고기 그물을 쳐놓으면 기러기란 놈도 걸리게 마련인데 어찌 버리겠느냐?

1) 입지 단계 훈련 방법

1. '왜 이 책을 읽는가'에 대해 다섯 줄로 답변하기 (Why)
2. '어떻게 이 책을 읽어야 하는가'에 대한 의견을 다섯 줄로 기록하기 (How)
3. 이 책을 읽기 전에 이 책에 대한 나의 생각은 무엇인지 다섯 줄로 기록하기 (Before)
4. 이 책을 읽고 난 후 자신의 변화를 예측해서 다섯 줄로 기록하기 (After)
5. 이 책에 대한 나의 지식과 경험을 다섯 줄로 이야기하기 (Knowledge)

Why → How → Before → After → Knowledge

다섯 줄로 답변하기가 처음에는 정말 힘들 수도 있다. 그럴 경우 세 줄로 답변하는 것도 하나의 요령이다. 자신의 지적 수준, 사고 수준에 맞추어 쉽게 시작해야 지속할 수 있다.

2) 해독 단계 훈련 방법

1. 이 책의 내용은 무엇인가?

2. 책에서 가장 중요한 내용은 무엇이고, 어디에 있는가?

3. 책의 내용을 요약하여, 핵심을 정리하기

4. 책 내용을 약 3분 분량으로 설명해보기

3) 판단 단계 훈련 방법

① 이 책과 같은 주제의 책 중에 시대가 비슷하면서 지역이 다른 책, 같은 주제이지만 상반되는 주장을 하는 책, 가령 동양의 책이라면 서양의 책을 기준으로 판단의 토대를 삼는다.

▶ 《군주론》을 읽는다면, 동양의 군주론인 《한비자韓非子》를 토대로 취사선택, 찬성과 반대를 하는 훈련을 해보라.

▶ 리처드 도킨스Richard Dawkins의 《이기적 유전자The Selfish Gene》를 읽는다면, 앨리스터 맥그라스Alister McGrath의 《도킨스의 망상The Dawkins Delusion?》을 토대로 하여 취사선택, 찬성과 반대를 하는 훈련을 해보라.

② 이 책에 대해 찬성하는 부분과 반대하는 부분을 3~5가지 핵심별로 나누어 본다.

찬성		반대	
책 내용	이유	책 내용	이유
1.		1.	
2.		2.	
3.		3.	
4.		4.	
5.		5.	

③ 찬성하는 이유와 반대하는 이유를 초서한다.

▶ 저자가 말하고자 하는 책 내용 이면에 숨겨진 의도는 무엇일까?

▶ 이 책은 과연 세상에 이로운 책일까? 아니면 유해한 책일까? 그렇다면 왜 그렇게 생각하는지 책 내용에 맞추어 설명해보라.

4) 초서 단계 훈련 방법

초서 훈련을 위한 다섯 가지 가이드

1. 이 책만의 독창성을 알 수 있는 다섯 문장 초서하기

2. 이 책의 핵심 내용을 잘 알 수 있는 다섯 문장 초서하기

3. 이 책에서 가장 중요한 한 문장 초서하기

4. 저자의 주장이 가장 잘 드러난 다섯 문장 초서하기

5. 이 책에서 꼭 기억해야 할 다섯 문장 초서하기

한 권의 책을 한 문장으로 압축하여 초서하기

1. 이 책의 핵심 내용을 다섯 문장으로 압축하여 초서하기

2. 이 다섯 문장을 다시 세 문장으로 압축하여 초서하기

3. 이 세 문장을 다시 한 문장으로 압축하여 초서하기

→ 최고의 한 문장은 무엇인가?

5) 의식 단계 훈련 방법

① 의식 단계에 맞는 질문에 답변하기

1. 이 책을 읽기 전, 후 달라진 자신의 의식에 대해서 기록하기

2. 이 책과 저자를 통해 자신의 삶에 직접적으로 영향을 준 의식의 변화와 확

   장은 무엇인가?

3. 자기 자신의 인생과 미래로 의식을 확장시켜보기

4. 나라, 민족, 인류, 우주로 의식을 확장시켜보기

5. 개인에 대해, 민족에 대해, 인류에 대해 이 책이 갖고 있는 의미와 뜻은 무

   엇일지 적어보기

② One Book One Sentence 작성하기

《군주론》의 내용을 한마디로 요약하라.

"군주는 세 가지를 갖춰야 하고, 세 가지를 버려야 한다."

갖춰야 하는 세 가지는 다음과 같다.

　1. 자신의 사람으로 구성된 자신의 군대와 자신을 지지하는 시민

　2. 사악함과 인색함

　3. 포르투나와 맞설 수 있는 비르투스(사자의 힘과 여우의 지혜)

버려야 할 세 가지는 다음과 같다.

　1. 시민의 미움과 경멸

　2. 용병

　3. 우유부단함과 중립

③ 1+1 Book Choice 선택하기

《통치자의 지혜^{Ricordi}》:

《군주론》과 쌍벽을 이루는 책. 지은이는 마키아벨리와 둘도 없는 절친인 프

란체스코 귀차르디니^{Francesco Guicciardini}다. 절친이지만 군주에 대한 의견은

배치되는 부분이 많아서 《군주론》을 읽었다면 반드시 읽어야 할 필독서다.

《로마사》:

지은이는 당대에 유명한 역사가였던 티투스 리비우스다. 마키아벨리가 가장

사랑한 책으로, 초서를 하여 쓴 책이 바로《로마사 논고》다. 2,000년 동안 많

은 사랑을 받은 책이다.

5단계가 너무 번거롭고 어렵다면 현대식 초서법인 BTMS 독서법으로 초서를 하는 것도 하나의 방법이다. 자신의 수준에 맞게, 처음에는 가볍게 시작하는 것이 중요하다.

현대식 초서 독서법, BTMS 배워보기

BTMS 초서 독서법은 초서 독서법을 현대식으로 만들어, 한 권의 책을 제대로, 완벽하게 자신의 것으로 소화시켜 독서할 수 있도록 만든 초서 독서 기록법이라고 할 수 있다.

　Book(책)을 읽고 → Think(생각)하고 → Mind(의식)를 확장하여 → 한 문장으로 Summary(요약)하고, 1+1 Book Choice하는 과정을 독서 노트에 상세히 기록해나가는 방법이다.

　많은 이가 별다른 고민과 생각 없이 수동적으로 책의 내용을 주입하거나 받아들이는 경향이 있다. 그것이 편하고 익숙하기 때문이다. 그러나 책을 읽으면서 이렇게 BTMS 초서 독서법 노트를 작

성해나가면 처음에는 힘이 들겠지만, 충분한 성찰과 사색이 가능
할 뿐만 아니라 자신을 뛰어넘는 사고 훈련이 되기 때문에 성장
과 발전은 말할 것도 없고, 삶을 살아가는 데 든든한 밑거름이 되
어줄 것이다.

BTMS(현대식 초서 기록법) 응용하기

| 제목 | | 출판사 | | 저자 | | 날짜 | |

단계	단계별 주요 내용	스스로 평가하기
1단계 Book	**책을 읽고 핵심 내용과 중요 문장을 파악하는 단계** • 책의 핵심 내용은 무엇인가? • 핵심 문장은 무엇인가? • 작가의 주장, 견해는 무엇인가? • 작가는 무엇을 말하려고 하는 것인가? • 이 책은 결국 무엇에 대한 책인가? • 이 책의 내용은 구체적으로 무엇인가? • 책의 전체적인 느낌은 무엇인가? • 삶에 대한 통찰, 인간에 대한 통찰을 담은 책인가?	만족 불만족 상 중 하
2단계 Think	**자신의 주관, 생각, 견해를 책에 덧입히는 단계** • 자신의 생각을 기록하기 • 자신의 주관은 무엇인가? • 책 내용에 대한 자신의 생각은 무엇인가? • 이 책의 존재 이유는 무엇인가? • 이 책에 대한 자신의 견해는 무엇인가? • 저자의 의견에 대한 견해를 밝혀라 • 이 책의 주장에 대한 당신의 견해는 무엇인가?	만족 불만족 상 중 하
3단계 Mind	**책을 통해 자신의 의식 변화를 성찰하는 단계** • 이 책을 읽기 전, 후 달라진 자신의 의식에 대해서 기록하기 • 이 책과 작가로 인한 자신의 삶에 직접적으로 영향을 줄 수 있는 의식의 변화와 확장은 무엇인가? • 자기 자신의 인생과 미래에 대해 의식을 확장시켜본다 • 나라와 민족, 인류와 우주로 의식을 확장시켜본다 • 개인에 대해, 민족에 대해, 인류에 대해 이 책이 갖고 있는 의미와 뜻은 무엇일까?	만족 불만족 상 중 하
4단계 Summary	**해당 독서를 요약하고 마무리하는 단계** • 이 책을 주제로 특강을 한다고 생각하고, 특강 제목을 정해본다 • 이 책을 설명하는 한 단어, 키워드를 선정해본다 • 이 책을 한 문장으로 요약하기: One Book One Sentence • 이 책을 읽은 뒤 반드시 읽어야 할 한 권의 책을 선정하기: 1+1 Book Choice	만족 불만족 상 중 하

원하는 지식을 얻는 가장 빠른 방법

한번에 10권 플랫폼 독서법

1판 1쇄 발행 2020년 9월 16일
1판 2쇄 발행 2020년 10월 5일

지은이 김병완
펴낸이 고병욱

책임편집 장지연 **기획편집** 윤현주 유나경
마케팅 이일권 한동우 김윤성 김재욱 이애주 오정민
디자인 공희 진미나 백은주 **외서기획** 이슬
제작 김기창 **관리** 주동은 조재언 **총무** 문준기 노재경 송민진

펴낸곳 청림출판(주)
등록 제1989-000026호

본사 06048 서울시 강남구 도산대로 38길 11 청림출판(주) (논현동 63)
제2사옥 10881 경기도 파주시 회동길 173 청림아트스페이스 (문발동 518-6)
전화 02-546-4341 **팩스** 02-546-8053
홈페이지 www.chungrim.com
이메일 cr1@chungrim.com
블로그 blog.naver.com/chungrimpub
페이스북 www.facebook.com/chungrimpub

© 김병완, 2020

ISBN 978-89-352-1325-2 03320